Rebecca Romppel

Untersuchung von Möglichkeiten und Softwareprodukten zur Anbindung relatio
naler Datenbanksysteme an WWW-Anwendung

Rebecca Romppel

Untersuchung von Möglichkeiten und Softwareprodukten zur Anbindung relationaler Datenbanksysteme an WWW-Anwendung

Bibliografische Information der Deutschen Nationalbibliothek:

Bibliografische Information der Deutschen Nationalbibliothek: Die Deutsche
Bibliothek verzeichnet diese Publikation in der Deutschen Nationalbibliografie;
detaillierte bibliografische Daten sind im Internet über http://dnb.d-nb.de/ abrufbar.

Copyright © 1997 Diplomica Verlag GmbH
Druck und Bindung: Books on Demand GmbH, Norderstedt Germany
ISBN: 978-3-8386-2052-7

http://www.diplom.de/e-book/217482/untersuchung-von-moeglichkeiten-und-
softwareprodukten-zur-anbindung-relationaler

Rebecca Romppel

Untersuchung von Möglichkeiten und Softwareprodukten zur Anbindung relationaler Datenbanksysteme an WWW-Anwendung

Diplomarbeit
an der Fachhochschule Wilhelmshaven
Fachbereich Wirtschaft
Prüfer Prof. Dr. U. Weithöner
November 1997 Abgabe

Diplomarbeiten Agentur
Dipl. Kfm. Dipl. Hdl. Björn Bedey
Dipl. Wi.-Ing. Martin Haschke
und Guido Meyer GbR

Hermannstal 119 k
22119 Hamburg

agentur@diplom.de
www.diplom.de

ID 2052
Romppel, Rebecca: Untersuchung von Möglichkeiten und Softwareprodukten zur Anbindung relationaler Datenbanksysteme an WWW-Anwendung / Rebecca Romppel - Hamburg: Diplomarbeiten Agentur, 2000
Zugl.: Wilhelmshaven, Fachhochschule, Diplom, 1997

Dipl. Kfm. Dipl. Hdl. Björn Bedey, Dipl. Wi.-Ing. Martin Haschke & Guido Meyer GbR
Diplomarbeiten Agentur, http://www.diplom.de, Hamburg
Printed in Germany

Diplomarbeiten Agentur

Wissensquellen gewinnbringend nutzen

Qualität, Praxisrelevanz und Aktualität zeichnen unsere Studien aus. Wir bieten Ihnen im Auftrag unserer Autorinnen und Autoren Wirtschaftsstudien und wissenschaftliche Abschlussarbeiten – Dissertationen, Diplomarbeiten, Magisterarbeiten, Staatsexamensarbeiten und Studienarbeiten zum Kauf. Sie wurden an deutschen Universitäten, Fachhochschulen, Akademien oder vergleichbaren Institutionen der Europäischen Union geschrieben. Der Notendurchschnitt liegt bei 1,5.

Wettbewerbsvorteile verschaffen – Vergleichen Sie den Preis unserer Studien mit den Honoraren externer Berater. Um dieses Wissen selbst zusammenzutragen, müssten Sie viel Zeit und Geld aufbringen.

http://www.diplom.de bietet Ihnen unser vollständiges Lieferprogramm mit mehreren tausend Studien im Internet. Neben dem Online-Katalog und der Online-Suchmaschine für Ihre Recherche steht Ihnen auch eine Online-Bestellfunktion zur Verfügung. Inhaltliche Zusammenfassungen und Inhaltsverzeichnisse zu jeder Studie sind im Internet einsehbar.

Individueller Service – Gerne senden wir Ihnen auch unseren Papierkatalog zu. Bitte fordern Sie Ihr individuelles Exemplar bei uns an. Für Fragen, Anregungen und individuelle Anfragen stehen wir Ihnen gerne zur Verfügung. Wir freuen uns auf eine gute Zusammenarbeit

Ihr Team der *Diplomarbeiten* Agentur

Dipl. Kfm. Dipl. Hdl. Björn Bedey –
Dipl. Wi.-Ing. Martin Haschke ——
und Guido Meyer GbR ———

Hermannstal 119 k ———
22119 Hamburg ———

Fon: 040 / 655 99 20 ———
Fax: 040 / 655 99 222 ———

agentur@diplom.de ———
www.diplom.de ———

Eidesstattliche Erklärung

Hiermit versichere ich, daß ich die vorliegende Arbeit ohne fremde Hilfe angefertigt habe und mich nur der Hilfsmittel bedient habe, die im Literaturverzeichnis und in den Fußnoten angegeben sind.

Die Arbeit wurde bisher in gleicher oder ähnlicher Form keiner anderen Prüfungsbehörde vorgelegt.

Wilhelmshaven, den 03.11.1997

Inhaltsübersicht:

Inhaltsverzeichnis:

Abbildungsverzeichnis:

Abkürzungsverzeichnis

API   Apt Programmers Interface

ASP   Active Server Pages

BDE   Borland Database Engine

bzw.   beziehungsweise

ca.   circa

CGI   Common Gateway Interface

DB   Datenbank

DBMS   Datenbankmanagementsystem

d.h.   das heißt

GUI   Graphical User Interface

HTML   Hypertext Markup Language

IDC   Internet Database Connector

inkl.   inklusive

IIS   Internet Information Server

ISAPI   Information Server - API

JDBC   Java Database Connectivity

MS   Microsoft

NS   Netscape

NSAPI   Netscape - API

PC   Personal Computer

PWS   Personal Web Server

ODBC   Open Database Connectivity

RAD   Rapid Application Development

TCP/IP   Transmission Control Protocol/Internet Protocol

VB   Visual Basic

vgl.   vergleiche

vs.   versus

Win   Microsoft Windows

WWW   World Wide Web

z.B   zum Beispiel

Literaturverzeichnis

Bücher und Artikel

Baufeldt, Kai, Mäurers, Rolf: JAVA, Das Computer Taschenbuch, Data Becker, Düsseldorf, 1996

Berberich, Frank: Online-Datenbank, in: Internet World, Ausgabe 8, 1997

Blundon, William: The center of the universe is a database, WebPublishing (http://www.javaworld.com)

Connell, Michael: Introduction to Java Development, Power-Point-Präsentation

Disbrow, Steven W.: Tapping the power of JavaScript, in: Java Report, Ausgabe 3, 1997

Doberenz, Walter; Kowalski, Thomas: Visual Basic 5, Hanser, München, Wien 1997

Flynn, Jim: What you need to know about Microsoft's Authenticode, in: Java Report, Ausgabe 2, 1997

Gosling, James; Joy, Bill; Steele, Guy: Java Language Specification, Sun Microsystems, 1996

Johann, Michael: Aktive Diener - Scripting auf NT-Servern, in: PC-Magazin DOS, Ausgabe 9, 1997

Johann, Michael: Der Zoo im Internet, in: SE-Software Entwicklung, Ausgabe 5, 1997

Kramer, Doug: JDK 1.1.1 Documentation, Sun Microsystems, 1996 - 1997

Lehnen, Patrick: Einführung in die Programmierung mit JDBC, Präsentation
    JDBC-Seminar, Forschungszentrum Seibersdorf, Februar 1997

Lemay, Laura: Teach yourself Java in 21 days

Marsch, Jürgen; Fritze, Jörg: SQL - Eine praxisorientierte Einführung, Vieweg,
    Braunschweig/Wiesbaden, 1993

Münz, Stephan: HTML-Dateien selbst erstellen, Version 6.1, 06.1997

Newman, Alexander: Special Edition Java, Que Corporation, Haar, 1997

Newman, Alexander: Special Edition Using CGI, Que Corporation, Haar, 1996

Piemont, Claudia: Ein Kännchen SQL, in: SE-Software Entwicklung, Ausgabe 5,
    1997

Piemont, Claudia: Klappe die Erste - Erweiterungen des JDK 1.1, in: c'T,
    Ausgabe 6, 1997

Rudolph, Ralf: SQL meets HTML, in: Internet Professionell, Ausgabe 8, 1997

Schmeh, Klaus: Spreu und Weizen - Digitale Signaturen, in: Internet World, Aus-
    gabe 8, 1997

Shaw, Rawn: Integrating Databases with Java via JDBC, WebPublishing
    (http://www.javaworld.com)

Shoffner, Michael: Scale an Application from two to three tiers with JDBC,
    WebPublishing (http://www.javaworld.com)
Schwarte, Joachim; Schreyer, M: Do it yourself - Online Datenbanken, in: Inter-
    networld, Ausgabe 8, 1997

Turner, Jörg; Zorn, Stefan: Heiße Tasse Java, in: iX, Ausgabe 3, 1997

Vogler, Adrian: Datenbankanwendungen erstellen mit dem Intrabuilder, in: Der
    Entwickler, Ausgabe 2, 1997

Borland Intrabuilder Evaluators Guide, Borland, 1996

JDesignerPro Technical Specification and Feature Outline, Bulletproof Corpora-
    tion, 1996 - 1997

Praxis Internetprogrammierung (Javascript), in: c'T, Ausgabe 6, 1997

Webpages:

http://www.borland.com

http://www.bulletproof.com

http://www.corel.com

http://www.gamelan.com

http://www.internetworld.com

http://splash.javasoft.com

http://java.sun.com

http://www.javaworld.com

http://www.microsoft.com

http://www.zdnet.com

Hilfedateien:

ODBC

Borland Intrabuilder

Borland Intrabuilder Server

Borland Database Engine

JDesignerPro

Corel Web Data

Visual Basic

MS-Access

Glossar

Abfrage / Query

Entweder via SQL oder mit einem dafür geeigneten Programm (Visual Query Builder) generierter Befehl zum Auslesen oder Manipulieren der Datensätze einer Datenbank

API (Apt Programmers Interface)

Programmiererschnittstelle kommerzieller Programme. Hiermit können Zusätze oder ähnliches programmiert werden, bzw. ein Programm individuell angepaßt werden.

ASP (Active Server Pages)

Internet Information Server-spezifische dynamische HTML-Seiten, ergänzt um ActiveX-Komponenten sowie verschiedene Scriptsprachen (meistens VBScript).

BDE (Borland Database Engine)

Windows-Treibermanagerschnittstelle inklusive nativer Treiber für den Zugriff auf und die Verwaltung von Borland-Datenbanken (DBase, Paradox). Der Zugriff auf andere DBMS ist via ODBC möglich.

Browser

Programm zur vornehmlichen Darstellung von WWW-Dokumenten (Zugriffsprotokoll http). Heutige Browser unterstützen nahezu sämtliche im Internet verwendeten Protokolle und Services wie z.B. News, E-Mails etc..

CGI (Common Gateway Interface)

Schnittstelle des Webservers, welche die Ausführung von Programmen (z.B. Perlprogramme) ermöglicht. Ursprünglich für das Unix-Betriebssystem entwickelt.

Client

Bezeichnung für einen am Netzbetrieb oder Internet teilnehmenden Rechner, der Dokumente und Dateien abruft.

Domain-Adresse

Die Adresse eines Servercomputers liegt in zwei verschiedenen Formen vor:

- IP-Adresse

  Numerisch eindeutige Adresse zur Identifizierung eines Serverrechners

  (z.B.: 139.123.567.255)

- DNS-Adresse

  Von einem Nameserver zugeteilte eindeutige alphanumerische Adresse,

  meistens in der Form www.xyz.com (xyz steht für einen beliebigen

  registrierten Namen, die letzten drei Buchstaben wiesen ursprünglich auf

  die Verwendung des Serverrechners hin. Com steht z.b. für

Commercial,   Edu für Educational, Mil für Military. Mit der

späteren weltweiten Öffnung   des Internets kamen stattdessen als

Endung die jeweiligen Länderkürzel   (z.B.: .de) hinzu.)

Drag&Drop

Hiermit bezeichnet man die Technik, einzelne Komponenten per

Maustastendruck auszuwählen, über den Bildschirm zu ziehen und sie an

gewünschter Stelle zu plazieren.

GUI (Graphical User Interface)

Bezeichnung für die graphische Benutzerschnittstelle eines Programms oder

einer Programmiersprache.

HTML (Hypertext Markup Language)

Durch sogenannte **Tags** werden im Rahmen eines Ascii-Files Gestaltungsele-

mente vorgegeben (z.b. Überschriften, Tabellen, Fettschrift etc.). Die

eigentliche Auswertung und Darstellung dieser Elemente bleibt dabei dem

Browser überlassen, d.h. je nach verwendetem Browser können sich

Unterschiede im Aussehen einer HTML-Seite ergeben.

IDC (Internet Database Connector)

Internet Information Server-spezifische Komponente zur Bereitstellung dynamischer HTML-Seiten.

Internet

Weltweites Netzwerk mehrerer Computer, die über TCP/IP miteinander in Verbindung stehen.

Intranet

Firmeninternes oft auch überregionales auf TCP/IP basierendes Netz, zu dem nur bestimmte Rechner als Client zugelassen werden.

ISAPI

Programmiererschnittstelle des Internet Information Servers (Microsoft).

Java

Von Sun Microsystems entwickelte plattformunabhängige objektorientierte Programmiersprache, die sich an C++ anlehnt.

Javascript

Javascriptsprachelemete werden in HTML-Dokumente als Kommentar eingebettet. Diese Befehle werden während der Laufzeit vom Webbrowser interpretiert und ausgeführt. Nicht scriptfähige Browser ignorieren den Code. Ein kleinerer Nachteil ist hierbei die Sichtbarkeit des Scripts für den Anwender. Ein Codeblock wird durch HTML-Kommentarzeichen (`<!--` und `//-->`) sowie die Tags `<script language="Javascript">` und `</script>` eingeschlossen.

Entwickelt wurde Javascript ursprünglich für Netscape-Browser, inzwischen wird es aber auch von anderen Browsern unterstützt, teilweise bieten andere Firmen proprietäre sprachähnliche Lösungen an (z.B. JScript / Microsoft).

Javascript baut auf Java-Grundsätzen auf, ist aber bei weitem nicht so umfangreich. Sinnvoll ist diese Sprache z.B. zur Auswertung von Formularen, zur Bereitstellung weiterer Gestaltungselemente etc..

JDBC (Java Database Connectivity)

Javaspezifischer Treibermanager und Treiber für den Zugriff auf und die Verwaltung von Datenbanken. Entwickelt von Sun Microsystems.

JDBC-ODBC-Bridge

JDBC-Treiber zur Einbindung von ODBC-Datenquellen in Java-Anwendungen (Applikationen und Applets)..

Join

Joins stellen Verbindungen zwischen mehreren Tabellen dar, die jeweils einen strukturell identischen Schlüsselwert aufweisen müssen. Unterschieden wird zwischen:

- Inner-Joins (Equi-Joins)
- Outer-Joins

Livewire

Von Netscape entwickelter Standard für die Anbindung von Datenbanksystemen im Internet. Ähnlich wie ASP, jedoch auf den Netscape Fasttrack Server bezogen.

Localhost

Bezeichnung und interne DNS-Adresse für den Serverrechner, auf dem der Web Server situiert ist.

NSAPI

Programmiererschnittstelle des Netscape Fasttrack Servers.

ODBC (Open Database Connectivity)

Windows-Treibermanager und Treiber für den Zugriff auf und die Verwaltung von Datenbanken. Entwickelt von Microsoft.

Perl

Hierbei handelt es sich um eine zur Laufzeit interpretierte Scriptsprache. Der
Code liegt als CGI-File vor und kann vom Anwender nicht eingesehen
werden. Diese ursprünglich für das Unix-Betriebssystem gedachte Sprache
findet vor allem bei der Formularauswertung Verwendung.

Recordset

Als Ergebnis einer Datenbankabfrage vorliegende bestimmte Anzahl von her-
ausgefilterten Datensätzen.

Server

Bezeichnung für einen am Netzbetrieb oder Internet teilnehmenden Rechner,
der Dokumente und Dateien zum Abruf bereitstellt.

SQL

Strukturierte Abfragesprache zur Verwaltung von Datenbanken.

Tag

HTML-Befehl, begrenzt durch spitze Klammern (z.B. <H1>)

TCP/IP (Transmission Control Protocol / Internet Protocol)

Im Internet verwendetes Netzprotokoll zur Übertragung von Daten.

URL (Uniform Ressource Locator)

Internetadresse eines Servercomputers. Die Adresse setzt sich zusammen aus
dem Zugriffsprotokoll und -pfad zu einer Datei. Die Syntax ist wie folgt:
Dienst/Protokoll://Domain-Adresse/Pfad
z.B: http://www.fh-wilhelmshaven.de/index.htm

VBScript

Diese Scriptsprache findet vor allem bei der Erstellung von IDC- und ASP-
Dokumenten Verwendung. Auch hier werden die Befehle sichtbar als
Klartext in die HTML-Seite eingebettet und zur Laufzeit interpretiert.
Verwendet eine Page VBScript, so muß vor dem einleitenden <HTML>-Tag
der Tag <%@ LANGUAGE = VBScript %> stehen. Im Verlauf der Page

folgende VB-Befehle und Codeblocks werden dann jeweils durch Prozentzeichen (<% und %>) eingegrenzt.

Die Scriptsprache orientiert sich an der Visual-Basic-Sprache, ist aber nicht so umfangreich.

Web Server

Programm für die Bereitstellung von Dokumenten und Dateien im Inter- oder Intranet und der Regelung des auftretenden Datenverkehrs.

Win-CGI

Speziell für Windows-Web Server entwickelte Schnittstelle zur Ausführung von Windowsprogrammen (z.B. EXE.Files).

Zugriffsprotokoll

Definiert die Art des Datenzugriffs im Internet. Es wird zwischen vier Protokollen unterschieden:

http (Hypertext Transfer Protocol): Zuständig für den Transfer von WWW-Pages (inkl. Bilder, Sound etc.)

ftp (File Transfer Protocol):   Regelt die Übertragung von Dateien

gopher ("Wühlmaus"):   Ermöglicht den Zugriff auf hierarchisch strukturierte Daten

Telnet: Emuliert eine Terminalsitzung am Serverrechner

News: Zuständig für das Teilnehmen an Newsgroups

1   Einleitung:

In den Anfängen des Internets war es zunächst nur möglich, Dateien zu übertragen und textorientierte Seiten darzustellen. Mit der zunehmenden technischen Weiterentwicklung der Web Browser und -Server hat sich dies entschieden geändert. Heutzutage finden sich im World Wide Web nicht nur hauptsächlich graphisch aufbereitete Pages, sondern die Ausführung von kleineren Programmen sowohl clientseitig (über den Einsatz zur Laufzeit interpretierter Scripte oder mittels eines Java-Applets) als auch serverseitig (unter Verwendung der CGI-Schnittstelle) ist ebenfalls möglich geworden.

Durch die fortschreitende Verbreitung des PCs sowohl im wirtschaftlichen als auch im privaten Bereich hat sich ebenfalls das Profil der Internetteilnehmer geändert, es hat sich ein relativ großes Kundenpotential herausgebildet, welches Angebote des Internets in zunehmender Weise in Anspruch nimmt.

Genauer betrachtet läßt sich das WWW auf drei verschiedene Wege nutzen:

- Werbung / PR
  In den meisten Fällen beschränkt sich das Angebot der am Internet teilnehmen-den Unternehmen und Organisationen leider noch nur auf diesen Punkt.

- Informationsübermittlung
  Hierunter fallen alle denkbaren Möglichkeiten des Zurverfügungstellens von Daten, sei es in Form von Texten, Listen, Graphiken, Diagrammen, Tabellen etc.. Idealerweise wird dem Anwender die Möglichkeit der Datenselektion und Recherche eingeräumt.
  Ein weiterer Aspekt ist ebenfalls der steigende Einsatz globaler firmeninterner Intranetze, innerhalb denen durch den Einsatz von Datenbanken ein überregio-naler stets aktueller Informationsfluß gewährleistet wäre.

- Direktvertrieb

  Diese Einsatzmöglichkeit stellt eine Erweiterung der reinen Informationsübermittlung dar, zusätzlich wird dem Anwender die Möglichkeit eingeräumt, Ge-
  schäfte über das Internet zu tätigen, z.b. Reisen zu buchen, Waren zu bestellen
  etc..

Zumindest bei den zwei letztgenannten Punkten ist eine Nutzung zugrundeliegen-
der Datenbanken unerläßlich, sei es, um die Aktualität der Informationen zu gewährleisten, den Arbeitsaufwand der Erstellung von Webpages einzuschränken
(diese müßten bei Änderung des Datenbestandes nicht jeweils neu geschrieben
bzw. ergänzt werden) oder sogar, um dem Anwender echte Interaktivität zu garantieren mit den Vorteilen, Kosten dadurch einzusparen, daß einzelne Arbeitsschritte (z.B. die sonst übliche Bestellannahme) auf den Kunden selbst verlagert
werden, sowie die Zeitdauer der Auftragsbearbeitung verringert wird.

Letzteres ist allerdings in den meisten Fällen noch Zukunftsmusik, bei der
heutigen kommerziellen Nutzung des Internets fungieren E-Mails oder
Bestellformulare leider noch allzuoft als einfacher Telefon- oder Faxersatz.
Der Einsatz von Datenbanken beschränkt sich auf einfache
Abfragemöglichkeiten, echte Buchungen finden nicht zuletzt auch aus
Sicherheitsgründen kaum statt.

Neben dem Problem der tatsächlichen Identitätsfeststellung des Anwenders und
damit dem Ausschluß von "Scherzbuchungen" ergibt sich die Frage der Zahlungs-
abwicklung. Hier kommen meistens Kreditkarten zur Verwendung, aber auch
Bankabbuchungen oder z.B. der Versand von Waren per Nachporto ist denkbar.
Auch hierbei müssen gewisse Schutzvorkehrungen getroffen werden,
Kreditkarten- oder Kontonummern sollten in irgendeiner Weise verschlüsselt über
das Netz gelangen, um einem eventuellen Mißbrauch vorzubeugen.

Das Ziel dieser Diplomarbeit ist es allerdings, keine organisatorischen sondern technische Lösungen zur Anbindung relationaler Datenbanken an das WWW aufzuzeigen. Das Hauptaugenmerk liegt hierbei auf dem Einsatz sogenannter Desktop-Datenbanken (z.B. MS-Access, Dbase, Paradox, FoxPro etc.), wie sie privat und in Unternehmen zum Einsatz kommen. Auf die Verwendung von DB- oder verteilten Transaktionsservern soll nicht eingegangen werden.

Generalisiert betrachtet existieren nur drei prinzipielle Methoden der Datenbankanbindung an das Internet:

- Database-Publishing
  Hierunter verbirgt sich die Konvertierung einzelner Tabellen oder Abfragen in statische HTML-Seiten, d.h. dem Anwender wird keine Möglichkeit zur direkten Interaktion mit der Datenbank gegeben. Natürlich handelt es sich um eine minder befriedigende Methode, die Gegenwärtigkeit ist nicht gewährleistet, die Seiten müssen stets manuell aktualisiert werden, dem Anwender verbleiben kaum Gelegenheiten der Selektion.eventuell umfangreicher Datenbestände.

- Datenbankanbindung per CGI-Programm
  In diesem Fall verbleibt die Logik der Anbindung serverseitig, obwohl sie clientseitig gestartet und gesteuert wird. Datenbankaktionen können ausgelöst und Ergebnisse im Browser präsentiert werden.

- Direkte Datenbankanbindung via Java
  Wählt man hierbei nicht den Weg über sogenannte Middleware-Programme, ist der direkte Kontakt mit der serverseitig verbleibenden Datenbank möglich, um Aktionen auszuführen.

In den nun folgenden Kapiteln sollen diese drei Möglichkeiten näher erläutert und durch Beispiele untermauert werden, wobei jeweils auf unterschiedliche kommerzielle Softwarelösungen eingegangen werden soll.

2 Grundlagen:

Für das weitere Verständnis der Problematik der Datenbankanbindung an das Internet (bzw. WWW) ist es notwendig, gewisse Grundlagen zu schildern und Begriffe zu klären.

Grundlegende HTML- und Datenbankkenntnisse werden vorausgesetzt, auf HTML-Formulare, SQL, ODBC und CGI soll im folgenden Kapitel kurz eingegangen werden.

2.1 Formulardarstellung in HTML:

Formulare ermöglichen direkte Interaktion mit dem Benutzer auf der Clientseite. Dieser kann so z.b. im Falle einer Datenbankabfrage eine Selektion treffen, welche Daten er veröffentlicht sehen möchte. Die Werte des ausgefüllten Formulars werden über das Internet zum Webserver übermittelt und dort weiter verarbeitet.

Im Rahmen dieser Diplomarbeit werden z.b. Formulare verwendet, um per Javascript einen SQL-String clientseitig zu generieren, um damit die betreffende Datenbank abzufragen. Auf diese Weise werden kleinere Arbeitsschritte auf den Client ausgelagert, um den Server-Rechner nicht zusätzlich zu belasten.

Definition:

Ein Formular wird begrenzt durch die Tags `<form>` am Anfang und `</form>` am Ende des entsprechenden Formularbereiches innerhalb einer HTML-Datei. Es ist möglich, mehrere unabhängige Formulare innerhalb einer Datei darzustellen. Jedes Formular wird über den Namen angesprochen, der per Name-Tag dafür festgelegt wurde.

Mit `action` wird die Art der Weiterverarbeitung definiert. Prinzipiell stehen hierfür zwei Möglichkeiten zur Verfügung:

- Senden der Formulardaten als E-Mail

    Dies erfolgt durch den Tag `action="mailto:Emailadresse"`.

- Serverseitiges Verarbeiten der Daten per CGI-Programm[1]

Hier wird der Pfad zum Programm angegeben, so z.B. `action="http://URL"`.

Zusätzlich muß die Methode der Datenübermittlung festgelegt werden:

- `POST`

    In diesem Fall entnimmt das empfangende CGI-Programm die Daten der Standardeingabe `stdin` des Server-Rechners. Die Daten werden also behandelt, als wären sie auf Kommandozeilenebene eingegeben worden. Da kein EOF-Signal (End of File) übermittelt wird, muß die Länge der Daten per Standard-Umgebungsvariable `CONTENT_LENGTH` ausgelesen werden. Werden die Daten per E-Mail versandt, muß diese Methode gewählt werden.

    `GET`

    Hier werden die Daten in der Standard-Umgebungsvariable `QUERY_STRING` gespeichert, d.h. an die entsprechende `action`-URL in Folge eines Fragezeichens angehängt.

Beispiel eines formulareinleitenden Tags:

```
<FORM NAME = Form1 ACTION="http://www.xyz.de/cgi-bin/formular.pl"
METHOD=POST>
```

Hierauf folgen nun die verschiedenen möglichen Eingabefelder eines Formulars. Zur Verfügung stehen:

`TEXT`	Ermöglicht die Eingabe eines Textes (einzeilig)
`PASSWORD`	Ermöglicht die verdeckte Eingabe eines Paßwortes
`INT`	Zur Eingabe von Ganzzahlen.
`FLOAT`	Zur Eingabe von Dezimalkommazahlen.
`DATE`	Zur Eingabe eines Kalenderdatums.
`URL`	Zur Eingabe einer Internetadresse
`CHECKBOX`	Ermöglicht das Markieren einer Checkbox (viereckig)
`RADIO`	Ermöglicht das Markieren eines Radiobuttons (rund)
`SUBMIT`	Sendet den Formularinhalt ab

---

[1] Siehe auch Punkt 2.4

RESET   Setzt alle Formularfelder auf ihre Anfangswerte zurück

LISTBOX   Stellt mehrere Auswahlmöglichkeiten in Form eines Auswahlfeldes dar

TEXTAREA   Ermöglicht die Eingabe eines Textes innerhalb eines Textfeldes (mehrzeilig)

Um ein Eingabefeld darzustellen, ist ebenfalls ein HTML-Tag erforderlich, hierzu verwendet man für die Darstellung von Text, Password, Checkbox, Radio, Submit und Reset den Befehl <INPUT TYPE=> gefolgt von den gewünschten Typen, sowie entsprechenden Zusätzen:

NAME=   Für die Vergabe eines Variablennamens

VALUE=   Für den Default-Wert des Eingabefeldes

SIZE=   Für die Länge der einzeiligen Eingabefelder (nur bei Text und Password) oder zur Begrenzung der einzugebenden Stellen (Int, Float)

MAXLENGTH= Für die Länge der einzeiligen Eingabefelder (nur bei Text und Password)

CHECKED   Um den Default-Wert einer Checkbox oder eines Radiobuttons festzulegen

MIN, MAX   Zum Eingrenzen des Wertebereichs bei Eingabe einer Ganzzahl

Das Tag TYPE= muß auf INPUT folgen, für die weiteren Zusätze muß eine Reihenfolge nicht beachtet werden. Ein abschließendes Tag wird nicht benötigt.

Beispiel der Darstellung eines einzeiligen Textfeldes:

```
<INPUT TYPE="Text" NAME="Texteingabe1" VALUE="Hallo">
```

Auswahlfelder (Listboxes) werden hingegen durch die Tags <SELECT> und </SELECT> eingegrenzt. Für jeden Auswahlpunkt wird ein <OPTION>-Element benötigt.

Als weitere Zusätze können verwendet werden:

`NAME=`   Für die Vergabe eines Variablennames für das Auswahlfeld

`SIZE=`   Anzahl der darzustellenden Auswahlmöglichkeiten

`MULTIPLE=`   Ermöglicht die Auswahl mehrerer Elemente

`SELECTED`   Vorgabe eines Default-Wertes

Beispiel der Darstellung eines Auswahlfeldes

```
<SELECT MULTIPLE NAME=Auswahl SIZE=3>
<OPTION>            Auswahlpunkt1
<OPTION SELECTED>   Auswahlpunkt2
<OPTION>            Auswahlpunkt3
</SELECT>
```

Auch für die Darstellung von Textfeldern gelten eigene Tags. Ein solches Feld wird eingefaßt von den Befehlen `<TEXTAREA>` und `</TEXTAREA>`.

Als Zusätze können angegeben werden:

`NAME=`   Für die Vergabe eines Variablennames für die Textbox

`ROWS=`   Legt die Anzahl der Zeilen des Textfeldes fest

`COLS=`   Legt die Anzahl der Spalten des Textfeldes fest

Beispiel der Darstellung eines fünfzeiligen Textfeldes:

```
<TEXTAREA NAME=Text1 ROWS=5></TEXTAREA>
```
Ein innerhalb der Tags eingegebener Text würde als Default-Wert erscheinen.

Für weitere Fragen sei an dieser Stelle auf die umfangreich erhältliche Literatur zum Thema HTML[2] verwiesen.

2.2 Kurze Einführung in SQL:

SQL ist ein Akronym für Structured Query Language (Strukturierte Abfragesprache) und ist eine universelle (d.h. systemunabhängige) Datenbanksprache für relationale Datenbanken.

Alle wesentlichen Aktionen zur Verwaltung einer Datenbank können mit dieser Sprache durchgeführt werden, so z.B. das Erzeugen, Aktualisieren und Löschen einzelner Tabellen und Datensätze, die Durchführung von Abfragen, das

Definieren von Anwendern und Gruppen, die Transaktionsverarbeitung etc..

2.2.1 Übersicht der SQL - Befehlsklassen:

Der Befehlsvorrat dieser Sprache läßt sich in folgende Kategorien einteilen:

- DDL - Befehle (Data Definition Language)

  Befehle zum Erzeugen, Verändern oder Löschen von Tabellen und Indizes

- DCL - Befehle (Data Control Language)

  Befehle zur Vergabe von Benutzerrechten (Lese- und Schreibrechte)

- DML - Befehle (Data Manipulation Language)

  Befehle zur Durchführung von Abfragen und Veränderungen der Datensätze

DDL	DCL	DML
CREATE TABLE	GRANT	SELECT
(Tabellen erzeugen)	(Zugriffsrechte gewähren)	(Tabellen abfragen)
ALTER TABLE	REVOKE	DELETE
(Aufbau von Tabellen ändern)	(Zugriffsrechte entziehen)	(Zeilen einer Tabelle löschen)
DROP TABLE		INSERT
(Tabellen löschen)		(Zeilen in einer Tabelle einfügen)
CREATE INDEX		UPDATE
(Index für Tabellen anlegen)		(Daten einer Tabelle verändern)
CREATE VIEW		
(Erzeugen einer virtuellen Tabelle)		
RENAME		
(Tabellen, Spalten, ... umbenennen)		

ABB 2.A: ÜBERSICHT DER SQL-BEFEHLSKLASSEN[3]

Für das weitere Verständnis dieser Diplomarbeit ist nur die nähere Erläuterung der DML-Befehle notwendig, in den anliegenden Beispielen werden nur diese verwendet. Für das Anlegen von Tabellen und Abfragen wurden handelsübliche Datenbankprogramme wie z.B. MS-Access oder Borland Paradox verwendet.

---

[2] z.B. Münz, Stephan: HTML-Dateien selbst erstellen, 1997
[3] Entnommen aus: SQL-Eine praxisorientierte Einführung, Marsch/Fritze, Vieweg-Verlag, Braunschweig/Wiesbaden. 1993

2.2.2 DML - Befehle (Data Manipulition Language):

Jeder Datenbankabfrage liegt ein SELECT-Befehl zugrunde. Dieser faßt die gewünschten Daten aus einer oder mehrerer Tabellen in Form eines Recordsets zusammen. Die Syntax des SELECT-Befehls ist die folgende:

```
SELECT [ALL / DISTINCT] {Spalten / *}
FROM tabelle [alias], [tabelle [alias]], ...
[WHERE {Bedingung / Unterabfrage}]
[GROUP BY spalten [HAVING {Bedingung / Unterabfrage}]]
[ORDER BY spalten [ASC / DSC] ... ];
```

Die Angaben in den eckigen Klammern können hierbei weggelassen werden,
zwingend vorgeschrieben ist nur die SELECT Spalten FROM Tabelle-Syntax.

2.2.2.1 SELECT Spalten:

Mit diesem Part werden die darzustellenden Spalten gewählt. Die Reihenfolge
kann unabhängig von der Reihenfolge, in der die Spalten in der Datenbank
eingetragen wurden, bestimmt werden. Als Variable verwendet man die der
Datenbankstruktur entsprechenden Namen der Spalten oder das Zeichen * zur
Selektion aller Spalten.

Die Zusätze DISTINCT (bei MS-Access DISTINCTROW) und ALL legen fest, ob die
Anzeige doppelter Datensätze unterdrückt werden soll oder nicht.

2.2.2.2 FROM Tabelle:

Hiermit wird die Tabelle (die Tabellen) festgelegt, die abgefragt werden soll.
Bezogen auf die Beispieldatenbank Wesermar gilt z.B. zur Selektion der Adressen
aller Lernorte folgende Syntax:

SELECT Lernort,Straße,Hausnummer,PLZ,Ort FROM Lernort;

Zu beachten ist hierbei, daß sich das erste Lernort auf den Spaltennamen Lernort
bezieht, das zweite allerdings auf den Tabellennamen Lernort. Diese Doppelnen-
nung ist durchaus möglich.

2.2.2.3 WHERE Bedingung:

Mit diesem Befehl läßt sich die Abfragemenge noch weiter eingrenzen, d.h. es

können z.b. nur die Daten angezeigt werden, die einem gewissen Kriterium entsprechen. Verschiedene Vergleichsoperatoren stehen hierfür zur Verfügung:

=	direkter Vergleich der Datensätze mit dem Kriterium
AND	zur Verknüpfung mehrerer Kriterien
OR	zur Verknüpfung mehrerer Kriterien
NOT	zur Negation eines Kriteriums
LIKE	zur Mustersuche
IN	zur Selektion aus einer Gruppe
IS NULL	zur Suche nach Null-Werten
BETWEEN	für die Selektion von Datensätzen, die zwischen 2 Werten liegen

Sollen z.b. alle Lernorte der Beispieldatenbank angezeigt werden, welche der
Postleitzahl 26389 (=Butjadingen) zugeordnet wurden, so lautet der Befehl dazu
wie folgt:

`SELECT Lernort FROM Lernort WHERE PLZ LIKE '26389';`

Vorsicht, unter MS-Access gelten typographische Anführungszeichen (") !

Der Operator LIKE (üblich für die Selektion nach einem Stringkriterium) ließe
sich wie das Zeichen % auch zur Mustersuche einsetzen:

`SELECT Lernort FROM Lernort WHERE PLZ LIKE '263%';`

würde z.b. als Ergebnis alle Lernorte liefern, deren zugeordnete Postleitzahl mit
der Ziffernfolge 263 beginnt.

Als Alternative dazu ließen sich hiermit auch Berechnungen durchführen, denen
die selektierten Datensätze zugrunde liegen. Als Operatoren stehen neben den
Grundrechenarten zur Auswahl:

MIN	zur Ermittlung des kleinsten Wertes
MAX	zur Ermittlung des höchsten Wertes
SUM	zur Ermittlung der Summe aller Werte
AVG	zur Ermittlung des Durchschnitts aller Werte
COUNT	zur Ermittlung der Anzahl der Datensätze

Die Syntax `SELECT DISTINCT COUNT(*) FROM Lernort WHERE PLZ LIKE
'26969';` liefert z.B. als Ergebnis die Anzahl aller in der Tabelle eingetragener

Lernorte in Butjadingen.

2.2.2.4 GROUP BY Spaltenname HAVING Bedingung:

Dieser Zusatz ermöglicht es, Daten aus einer Tabelle zu Gruppen zusammenzufassen. Möchten man z.B. wissen, wieviele der Lernorte den einzelnen Postleitzahlen zugeordnet werden können, so gilt folgender Befehl:

`SELECT DISTINCT Lernort, COUNT(PLZ) FROM Lernort GROUP BY PLZ;`

Mit dem Zusatz HAVING lassen sich weitere Kriterien festlegen, die die Auswahl einschränken.

Für weitere Fragen sei an dieser Stelle auf die umfangreich erhältliche Literatur zum Thema SQL verwiesen.

2.3   Die ODBC-Schnittstelle

"ODBC steht für Open Database Connectivity und stellt eine Schnittstelle für offenen und herstellerunabhängigen Datenbankzugriff dar".[4] Diese standardisierte Schnittstelle setzt sich zusammen aus einem Treibermanager, sowie unterschiedlichen Treibern für die verschiedenen Datenbanksysteme, die von deren Herstellern herausgegeben werden. Damit ist es Anwendungsprogrammen möglich, auf die verschiedensten Datenbanken per SQL zuzugreifen, ohne dabei die jeweiligen Treiber explizit berücksichtigen zu müssen.

Ein ODBC-Zugriff läuft z.B. unter Windows 95 üblicherweise in folgender Form ab:

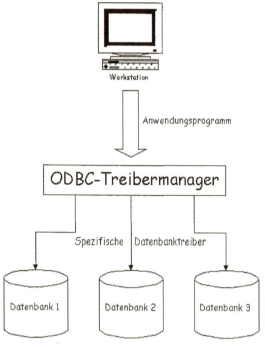

ABB. 2.B: DATENBANKZUGRIFF VIA ODBC

Art der Datenquellen

Die ODBC-Schnittstelle unterscheidet zwei verschiedene Arten von Datenquellen:

- Benutzerdatenquellen

  können nur auf dem aktuellen Computer abgerufen werden und sind nur für einen Benutzer sichtbar

- Systemdatenquellen

  sind offen für alle Benutzer, die auf den Computer zugreifen können. Diese Art der Datenquelle muß bei der Veröffentlichung der Daten im Inter- oder Intranet gewählt werden.

Ein Vorteil dieses Verfahrens ist es, daß ein Anwendungsprogramm mit mehreren Datenbanken unterschiedlichen Formats problemlos arbeiten kann, ohne sich dabei um die Verwaltung und Konfiguration der Treiber kümmern zu müssen.

Das Konfigurieren einer Datenquelle wird in Anhang B beschrieben.

---

[4] Vgl. ODBC-Online-Hilfe

2.4   CGI:

CGI ist ein Akronym für Common-Gateway-Interface, d.h. es handelt sich hierbei um eine Schnittstelle zwischen externen Applikationen wie z.B. ausführbaren Programmen und Webservern.

Je nach eingesetztem Server lassen sich vier verschiedene Schnittstellentypen unterscheiden:

CGI (UNIX)	für den Einsatz von Unix-Shell-Scipts und Perl-Programmen
WIN-CGI	für den Einsatz von windowsspezifischen .exe - Files, die z.B. in Visual Basic oder C++ erstellt wurden
ISAPI	spezifische API für Microsoft-Server (IIS, PWS), genutzt z.B. für Active Server Pages[5]
NSAPI	spezifische API für Netscape Server (Fasttrack etc.)

Meistens wird von der Serversoftware ein festes Verzeichnis vorgegeben, in dem die CGI-Programme vorliegen müssen, so z.B. CGI-BIN, CGI-WIN, SCRIPTS etc.. In Einzelfällen können die Verzeichnisnamen selbst gewählt werden.

Diese Verzeichnisse sind vom Internet aus nicht direkt erreichbar, d.h. die darin befindlichen Programme können vom Client nicht eingesehen oder heruntergeladen werden.

Nach Abarbeitung eines CGI-Programms wird zumeist eine HTML-Seite dynamisch generiert und an den clientseitigen Browser gesandt. Diese HTML-Seite kann als Dokumentenquelltext vom Client eingesehen werden, der Weg ihrer Erstellung hingegen nicht.

---

[5] Siehe auch Punkt 5.2

CGI-Programme:

Ein CGI-Programm kann im Prinzip in jeder Sprache geschrieben werden, die auf dem Server ausgeführt werden kann, so z.B.:

```
* C/C++
* Fortran
* PERL
* TCL
* Unix shell
* Visual Basic
* Delfi
* AppleScript
* DOS Batch
```

Wenn nötig, müssen die Programme in kompilierter Form (z.B. beim Einsatz von Visual Basic oder C), ansonsten als reines Script (z.B. Perl) in den entsprechenden Verzeichnissen vorliegen.

Das Programm wird vom clientseitigen Browser aus per URL aufgerufen und auf dem Server ausgeführt. Entsprechende Ergebnisse werden dem Client zurückübermittelt. Diese können in jeder beliebigen Form vorliegen, so z.B. als Klartext, als HTML-Seite, als Bilder, Audiodateien etc..

Zwei unterschiedliche CGI-Arten lassen sich hierbei unterscheiden:

- speicherresidente Programme, die beim Serverstart ebenfalls gestartet werden
- Programme, die erst bei Aufruf der entsprechenden WWW.Seite gestartet werden

Natürlich beanspruchen letztere beim Aufruf etwas mehr Zeit und belasten den Server stärker dadurch, daß für jeden Client extra ein Programm gestartet wird.

Jedem CGI-Output muß ein Header vorangestellt werden, der sich aus mehreren
Teilen zusammensetzt:

- **Content-type**

  Legt den MIME[6]-Typen fest, der verwendet wird (z.B. text/html). Nur dieser
  Befehl ist im Header unbedingt nötig.

- **Location**

  Wird eine Location angegeben, so verzweigt der clientseitige Browser direkt
  dorthin. Eventuell generierte Werte für die Umgebungsvariable

  QUERY_STRING[7] können ebenfalls durch Anhängen an die URL übermittelt
  werden.

- **Status**

  Kann genutzt werden, um einen HTTP/1.0 Statuszeile in Form eines dreistelli-
  gen Statuscodes gefolgt von einem beliebigen String an den Browser zu über-
  mitteln.

- **Error Document**

  Dieser Befehl kann angewandt werden, um den Client zu einer weiteren Seite
  zu leiten, falls ein Fehler auftritt.

Abgeschlossen wird der Header durch eine Leerzeile.

Anschließend folgt dann der gewünschte CGI-Output, z.B. einzelne Datensätze
des Ergebnisses einer Datenbankabfrage ergänzt um entsprechende HTML-Tags.

---

[6] MIME = standardisiertes Namenssystem zur Kennzeichnung verschiedener Dateiformate (Form
= Art der Datei/Dateiformat)
[7] Siehe auch Punkt 2.1

2.5   Transaktionen:

"Eine Transaktion ist eine Gruppe von SQL-Statements, die Datenreihen und -felder in einer Datenbank aktualisieren, hinzufügen und löschen."[8]

Diese SQL-Befehle sind als Einheit zu sehen, d.h. entweder werden alle erfolgreich durchgeführt oder keiner von ihnen. Ein Beispiel für eine Transaktion wäre z.b. die Buchung einer Pauschalreise, bei der Flug, Unterkunft und eventuelle Nebenleistungen wie z.B. Mietwagen gebucht werden sollen. Die gesamte Transaktion ist erst dann sinnvoll, wenn sie komplett abgewickelt wurde und alle Komponenten gebucht werden konnten. Die einzelnen Aktionen können hierbei in unterschiedlichen Datenbanken und bei Verwendung entsprechender Mittlersoftware wie z.B. Datenbankservern auch in unterschiedlichen Datenbanksystemen vorgenommen werden.

2.5.1   Die ACID-Eigenschaften einer Transaktion:

"Unter einer Transaktion versteht man die Überführung einer konsistenten Datenbank in einen neuen konsistenten Zustand."[9]

Kennzeichnend für eine Transaktion sind die vier Begriffe Atomicity, Consistency, Isolation und Durability (ACID).

- Atomicity (Atomgleichheit)
  Dieser Vergleich spielt auf die Untrennbarkeit der einzelnen Aktionen an. Es können nur alle zusammmen im Rahmen der Transaktion durchgeführt werden, ansonsten muß die Transaktion abgebrochen und eventuell bereits getätigte Änderungen zurückgenommen werden.

---

[8] Vgl. Alexander Newman u.a.: Special Edition Java, Haar 1997, S. 788 - 789

[9] Vgl. Jürgen Marsch, Jörg Fritze: SQL - Eine praxisorientierte Einführung, a.a.O.

- Consistency (Beständigkeit, Zusammenhang)

  Eine Transaktion ist konsistent, wenn sie keine Aktionen bzw. Befehle beinhaltet, die die Konsistenz der verwendeten Datenbanken verletzen. Eine Datenbank ist inkonsistent, wenn ihr Inhalt nicht den tatsächlichen Gegebenheiten entspricht. D.h. sämtliche korrespondierenden Tabellen einer Datenbank müssen aufeinander abgestimmt (konsistent) sein.

- Isolation

  Transaktionen sind isoliert, d.h. in sich abgeschlossen, wenn sie sich nicht auf vorherige oder nachfolgende Transaktionen beziehen. Sie können völlig unabhängig davon durchgeführt werden.

  Bei der Verwendung von SQL-Servern kann der Isolationslevel frei bestimmt werden. Hierzu stehen folgende Optionen zur Verfügung:

  - None (0)

  - Read uncommitted (1)

  - Read committed (2)

  - Repeatable read (4)

  - Serializable (8)

- Durability (Dauerhaftigkeit)

  Eine Transaktion sollte dauerhaft fixiert werden können, d.h. wenn es zu Systemabstürzen kommen sollte, sollte die Transaktion zwischengespeichert und zum späteren Zeitpunkt wahlweise vollendet oder abgebrochen werden können.

2.5.2   Transaktionsverarbeitung:

Zum Einleiten einer Transaktion (also einer Reihe von Befehlen) steht in Java oder Javascript der Befehl beginTransaction() bzw. beginTrans(). Die gesamte Transaktion kann abschließend per commit() permanent gemacht werden, per rollback() kann der Urzustand der Datenbank bei Mißlingen wiederhergestellt werden, endTransaction() beendet die Transaktion. In SQL werden hierfür die Befehle commit work sowie rollback work verwendet.

Wahlweise kann bei der Verwendung von Java autocommit() gewählt werden, d.h. sämtliche Befehle werden direkt und unwiderruflich in der Datenbank fixiert.

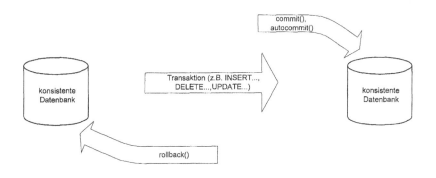

ABB. 2.C: ABLAUF EINER TRANSAKTION

Zusätzlich können externe (verteilte) Transaktionsverarbeitungsprogramme wie z.B. DTC der Firma Microsoft (Bestandteil des MS-SQL-Servers) eingesetzt werden, um Transaktionen abzuwickeln, die sich auf verschiedene Datenbanken eventuell unterschiedlicher Systeme berufen. Der Transaktionsmanager speichert hierzu sämtliche Schritte zwischen, so daß sie anschließend insgesamt fixiert werden können.

Bei einem Systemabsturz kann auch auf das automatische Recovery-System des SQL-Servers zurückgegriffen werden und die bisherige Transaktion entweder fixiert oder abgebrochen werden.

2.6 Statemanagement:

Da der Datenbankzugriff über das Internet in den seltensten Fällen direkt vom Client aus stattfindet, sondern zumeist serverseitig von CGI-Programmen abgewickelt wird, ergibt sich das zusätzliche Problem der Unterscheidung verschiedenster Anwender.

Zu diesem Zweck wird oft auf ein sogenanntes Session-Objekt zurückgegriffen, welches zu Beginn einer Datenbanksitzung erstellt wird und jedem Anwender eine individuelle ID-Nummer zuteilt. Dies ist sicherer als die Erkennung der Clientrechner über die IP-Nummer, denn durch das in der Praxis betriebene Pooling mancher Internet-Service-Provider kann zwei verschiedenen Rechnern durchaus die gleiche IP-Nummer zugeteilt werden. Zusätzlich kann ein einzelner Anwender so gleichzeitig oder kurz hintereinander verschiedene Transaktionen durchführen, für jede Sitzung wird ein neues Session-Objekt erstellt.

Hierin wird nicht nur eine ID-Nummer festgelegt, zusätzlich können beliebige weitere Parameter gespeichert werden (z.B. zum Erstellen eines virtuellen Einkaufskorbs etc.).

Führt der Anwender eine Anfrage durch, wird zusätzlich im Header die aktuelle Session-ID übermittelt.

Die einzelnen Sitzungen unterliegen einem Zeitlimit (Time-out), da ein ungewollter Abbruch einer Sitzung z.B. durch eine Trennung der Netzwerkverbindung nicht abgefangen werden kann. Nach diesem Zeitlimit erlischt das Objekt, eventuell kann eine unvollendete Transaktion dann für eine weitere Zeit zwischengespeichert werden. Nach ordnungsgemäßem Beenden oder dem freiwilligen Abbruch einer Sitzung durch den Anwender kann die Session natürlich auch durch entsprechende Befehle manuell beendet werden.

Während einer Sitzung festgelegte Datensatzsperrungen bleiben zumeist für die Dauer einer Sitzung bestehen, sofern sie nicht manuell aufgehoben werden.

2.7 Sicherheit:

Bei der Anbindung von Datenbanken ans Internet stellt sich natürlich auch die Frage, wer Zugriff auf diese Daten erhalten soll, wer sie einsehen darf und wer berechtigt ist, sie zu ändern oder zu ergänzen. Hierbei handelt es sich aber eher um ein organisatorisches als um ein technisches Problem. Zwei prinzipielle Möglichkeiten der Zugangskennung stehen zur Verfügung:

- Identifizierung des Anwenders über die IP-Nummer des Clientcomputers
  Diese Möglichkeit bietet sich für den Einsatz von Datenbanken in geschlossenen Intranets an, bei denen die Anzahl und die IP-Nummern der teilnehmenden Computer bekannt ist. Zu beachten ist hierbei allerdings, daß nur die ID des Computers, nicht aber die des Anwenders garantiert ist.

- Identifizierung des Anwenders über einen Login-Namen und ein Paßwort
  Bevor der Zugang zu den Daten gewährt wird, wird ein Zugangsformular aufgerufen, in dem der Anwender Name und Paßwort eintragen muß. Auch dies stellt im Intranet kein Problem dar.
  Im Internet hingegen muß eine Absicherung stattfinden, die die Richtigkeit der persönlichen Angaben des Anwenders sicherstellt. Dies ist besonders bei finanziellen Transaktionen von großer Wichtigkeit. Eine Möglichkeit wäre z.B. das Senden eines automatisch generierten Paßwortes an die angegebene E-Mail-Adresse, mit dem sich der Benutzer nur wenige Sekunden später direkt einloggen kann. Dennoch können in diesem Fall z.B. weitere Adreß- oder Namensangaben falsch sein.
  Eine weitere allerdings umständlichere Möglichkeit wäre das Zusenden eines Paßwortes und einer persönlichen dauerhaften Login-Kennummer per Post.

Bei finanziellen Transaktionen im Internet (z.B. Beziehen von Waren oder Dienstleistungen, Reservieren eines Hotelzimmers oder Fluges etc.) wird meistens auf Kreditkarten zurückgegriffen, was sowohl die Identität des Kunden garantiert als auch den internationalen Zahlungsverkehr vereinfacht.

3 Data Base Publishing / Statische HTML-Seiten:

Im Gegensatz zu dynamischen HTML-Seiten findet bei dieser Variante keine Anbindung per Internet an die Datenbank statt. Vielmehr wird zuvor der Inhalt einer
Datenbank bzw. ein den gewünschten Kriterien entsprechendes Recordset
einmalig in HTML-Code umgewandelt, d.h. in einen statischen Text, dessen ge-
naues Aussehen (z.B. tabellarische Gestaltung) per HTML-Tags festgelegt wird.
Viele im Handel erhältliche Programme basieren auf diesem Prinzip, auch wenn
die Werbetexte teilweise anderes vermuten lassen.

So verspricht z.B. die Werbung für das Programm Corel Web Data[10]:

● create up-to-date online mutual fund and stock reports, catalogs and phone lists

● supports most mayor data sources

● publish data from a wide variety of databases and file formats directly to the
internet

Dies erweckt beim Kunden den Anschein, es handele sich hierbei um eine Online-
Schnittstelle zur gewünschten Datenbank, was in diesem Fall nicht der Wahrheit
entspricht, denn vielmehr wird ein statisches HTML-File erstellt, welches auf den
Daten einer Datenbank beruht. Entscheidend bei der Werbung für dieses und
ähnliche Programme ist das Schlagwort „Publishing", was darauf hinweist, daß
die Daten nur veröffentlicht werden, also kein direkter Zugriff vom Internet aus
auf die Datenbank möglich ist.

Stellvertretend für kommerzielle DBP-Programme soll an dieser Stelle nun beispielhaft auf "Corel Web Data" eingegangen werden.

---

[10] Werbeflyer in Form einer Zeitungsbeilage, März 1997

3.2   Voraussetzungen:

Für den Betrieb im Inter- oder Intranet müssen folgende Voraussetzungen erfüllt,
bzw. folgende Software gestartet sein:

3.2.1   Voraussetzungen auf der Serverseite:

Software:
Betriebssystem: Windows 95/NT, Unix
Webserver: beliebig

Datenbanken: beliebig

3.2.2   Voraussetzungen auf der Clientseite:

Hardware: beliebiger Computer mit Internetanschluß

Software: beliebiger Webbrowser

3.3   Beschreibung der HTML-Seitenerstellung mit Corel-Web-Data

Beim Aufruf des Programmes erwartet den Benutzer der folgende Menüaufbau
und in mehreren Schritten kann das gewünschte HTML-File erstellt werden.

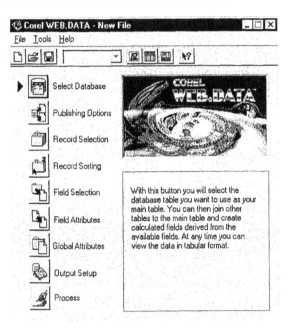

ABB. 3.1: COREL WEB DATA SCREEN

3.3.1 Schritt 1 - Select Database:

Hier wird die zugrundeliegende Datenbank ausgewählt. Es genügt, wenn die Datenbank auf der Festplatte vorliegt, sie muß nicht über ODBC eingebunden werden, weitere Einstellungen müssen nicht vorgenommen werden. Das Programm unterstützt die Datenbankformate MS-Access, Dbase, Paradox, FoxPro und Lotus, weitere über ODBC angebundene Dateiformate, sowie Exceltabellen und Textfiles.

Mit diesem Programmpunkt werden auch *Joins* zwischen den unterschiedlichen Tabellen der Datenbank erstellt, auch zwischen Tabellen unterschiedlichen Datenbankformats, ferner können *Calculated fields* erstellt werden.

3.3.2 Schritt 2 - Publishing Options:

Hier kann festgelegt werden, in welchem HTML-Sprachformat das Dokument veröffentlicht werden soll. Zur Auswahl stehen *HTML 3.0* sowie *Netscape* und *Microsoft*. Mit den beiden letzteren Formen können browserspezifische Besonderheiten (beim *Microsoft Internet Explorer* ist es z.b. möglich, verschiedene Farben innerhalb einer Tabelle zu verwenden) berücksichtigt werden. Ist die Browserform der Zielgruppe allerdings nicht bekannt (was meistens der Fall sein dürfte), so sollte die HTML-Form HTML 3.0 verwendet werden.

Zum zweiten muß mit diesem Schritt die Art der Veröffentlichung festgelegt werden. Es bieten sich drei Möglichkeiten:

1) *Custom*

In diesem Fall wird der Output nicht formatiert, die Daten werden in einer Reihe dargestellt

2) *Table*

Hierbei wird eine Tabelle unter Verwendung der Daten erstellt

3) *Dictionary*

Mittels eines Dictionaries kann global festgelegt werden, wie die Daten in der Veröffentlichung erscheinen sollen

3.3.3   Schritt 3 - Record Selection:

Mit diesem Programmpunkt werden die Datensätze selektiert, die veröffentlicht werden sollen. Zu jedem Zeitpunkt kann die aktuelle Auswahl angezeigt werden.

3.3.4   Schritt 4 - Record Sorting:

Hier kann eine Sortierreihenfolge für die Datensätze erstellt werden.

3.3.5   Schritt 5 - Field Selektion:

An dieser Stelle wird ausgewählt, welche Felder der Datensätze veröffentlicht werden sollen.

3.3.6   Schritt 6 - Field Attributes:

Mit diesem Programmpunkt können Attribute festgelegt werden, so z.B. Text, der vor oder nach den Datensätzen erscheinen soll, Text, der erscheint, falls ein spezifisches Feld leer ist etc.. In der Fußleiste stehen hierfür gängige HTML-Befehle zur Verfügung.

Unter dem Programmpunkt Tables werden z.B. die Spaltenüberschriften definiert.

3.3.7 Schritt 7 - Global Attributes:

Hier werden nun Einstellungen festgelegt, die das gesamte Dokument betreffen, wie z.B. ein Titeltext, Text zwischen jedem Datensatz, Text am Ende des Dokumentes etc..

3.3.8 Schritt 8 - Output Setup:

Es muß nun der Name und der Pfad des zu erstellenden HTML-Dokumentes angegeben werden. Ferner kann bestimmt werden, ab welchem Datensatz die Daten veröffentlicht werden sollen.

3.3.9 Schritt 9 - Process:

Das Dokument wird erstellt und der eingestellte Browser geladen.

Je nach Wunsch kann man das erstellte HTML-File, in dem die Daten als einfacher Text eingefügt wurden, weiter mit anderen Editoren bearbeiten, Bilder hinzufügen etc..

Ferner besteht die Möglichkeit, den Weg der Veröffentlichung als sogenanntes *Recipe* abzuspeichern. Möchte man die Daten erneut veröffentlichen bzw. aktualisieren, falls neue Daten hinzugekommen sind oder sich Änderungen in der Datenbank ergaben, so kann man das Programm starten und das *Recipe* aufrufen, welches dann selbständig ein aktuelles HTML-File der gewünschten Daten erstellt.

Um den Ablauf zu vereinfachen ist es auch möglich, diesen Vorgang von der Kommandozeile aus zu starten, ohne das Programm dazu aufrufen zu müssen.

3.4   Beurteilung:

3.4.1   Vorteile des Programms:

☺ Datenbanken müssen nicht per Hand als ODBC-Source eingebunden werden

☺ *Recipes* ermöglichen eine schnelle Aktualisierung bereits veröffentlichter

  Daten

☺ Fast alle gängigen Datenbankformate werden anerkannt

☺ Leichte Handhabung des Programms durch die vorgegebene Schrittabfolge

☺ Es können *Joins* unterschiedlicher Datenbanken erstellt werden

☺ *Recipes* können von der Kommandozeile aus aufgerufen werden, d.h. man

  könnte z.b. eine Batchdatei erstellen, die stets beim Booten des Rechners das

  HTML-File aktualisert.

3.4.2   Nachteile des Programms:

☹ Es können nur *Tables* eingebunden werden, bereits in den Datenbanken

  erstellte Abfragen werden nicht erkannt

☹ Es findet keine direkte Online-Anbindung statt

☹ Daten können nicht online verändert oder ergänzt werden

☹ Der Anwender kann die Daten nicht online selektieren

3.4.3   Fazit:

Solche Database-Publishing-Programme eignen sich sehr gut für Daten, die sich
nicht allzuoft ändern (z.B. Lieferantenlisten, Produktpalette) und bei denen es
reicht, sie einmal täglich zu aktualisieren. Hat man einmal ein *Recipe* erstellt, so
können die veröffentlichten Daten problemlos und schnell aktualisiert werden.
Man könnte diese Form der Veröffentlichung z.B. mit einer täglichen
Aushangliste vergleichen.

Arbeitet man hingegen mit Datenbanken, die sich ständig ändern und ist es
wichtig, diese Änderungen stets im Internet (oder Intranet) anzuzeigen (z.B. eine
Lagerliste oder im Falle einer touristischen Zimmervermittlung), so sind diese

Programme kaum geeignet. Da keine direkte Online-Anbindung zur Datenbank stattfindet, kann der Benutzer die Datensätze nur einsehen, nicht aber ändern oder gar neue Sätze hinzufügen, direkte Buchungen (z.b. eines Hotelzimmers oder von Materialentnahmescheinen) sind damit nicht möglich.

Ebenso kann der Anwender keine eigenständige Datenbankabfrage formulieren sondern sich nur vordefinierte Abfragen anzeigen lassen.

Um Datenbankinhalte statisch zu publizieren, muß nicht unbedingt auf dafür eigens hergestellte Programme zurückgegriffen werden. MS-Access verfügt z.b. ab der Version 7.0 über die Möglichkeit, Access-Tabellen in HTML-Format zu konvertieren. Für frühere Access-Versionen ist im Internet kostenlos ein Add-In-Programm[11] erhältlich, welches die Datenveröffentlichung ermöglicht.

3.5   Exkurs: Erstellen statischer HTML-Dokumente mit Visual Basic 5.0

Eine weitere Möglichkeit ist z.b. das Auslesen und Konvertieren der gewünschten Daten per Visual Basic. Hierzu bedarf es nur eines kleinen im Prinzip selbsterklärenden Programmes[12] zur Exportierung der Datensätze einer MS-Access-Tabelle:

```
Dim WS As Workspace
Dim db As Database
Sub Main()
Set WS = DBEngine.Workspaces(0)
Set db = OpenDatabase("Wesermar.mdb")
db.Execute ("SELECT * INTO [Lernortexp.htm] IN 'c:\'
'HTML Export;' FROM Lernort")
End Sub
```

---

[11] Internet Assistant for Access, http://www.microsoft.com
[12] Entnommen Walter Doberenz, Thomas Kowalsky, Visual Basic 5, München 1997, S. 423

4 Datenbankanbindung per dynamischer HTML-Seiten:

Im Gegensatz zu den statischen HTML-Seiten liegen in diesem Fall serverseitig je nach eingesetztem Programm Templates (d.h. Vorlagen) in verschiedenen Formen vor, die im Falle einer Anfrage um eventuelle Abfrageergebnisse ergänzt und an den Clientbrowser zurückgesandt werden.

Es findet keine direkte Datenbankanbindung vom Client über den Server statt, der Client löst hingegen Datenbankaktionen aus, die serverseitig von einem CGI-Programm[13] bearbeitet werden.

Clientseitig ausgeführter Code beschränkt sich zumeist auf die Auswertung von Formularen.

In den folgenden Kapiteln soll eine kleine Auswahl der im Handel erhältlichen Programme dargestellt werden. Untersucht wurden hierbei:

- Microsoft Internet Database Connector
- Microsoft Active Server Pages
- Borland Intra Builder Client/Server 1.0

Zusätzlich wird auf die Erstellung einer Datenbankanbindung via Visual Basic eingegangen.

---

[13] Siehe auch Punkt 2.4

5   Datenbankanbindung mit dem Internet Information Server (IIS) 3.0:

Wie sein Konkurrent Netscape (Livewire-Technik) hat auch Microsoft diverse IS-API-Lösungen zur Datenbankanbindung über das Internet herausgebracht. Beispielhaft seien hier nur IDC und ASP erwähnt.

5.1   Einleitung - Microsoft Internet Database Connector (IDC):

Auch bei diesem Modell handelt es sich um die dynamische Generierung von HTML-Seiten. Durch den clientseitigen Aufruf von Dateien mit der Dateiendung .idc werden SQL-Befehle an eine per ODBC eingebundene Datenbank übermittelt, die Abfrageergebnisse werden als Parameter an eine jeweils vorgefertigte HTML-Seite mit der Endung .htx übermittelt und im Clientbrowser dargestellt.

Es findet keine direkte Datenbankanbindung vom Client aus statt, sämtliche Datenbankaktionen verbleiben serverseitig.

5.1.1   Voraussetzungen:

Für den Betrieb im Inter- oder Intranet müssen folgende Voraussetzungen erfüllt, bzw. folgende Software gestartet sein:

5.1.1.1 Voraussetzungen auf der Serverseite:

Hardware:	
Minimum:	486ger 66 CPU, 16 MB RAM

Software:	
Betriebssystem:	Windows NT
Webserver:	Microsoft Internet Information Server ab Version 3.0
zusätzlich:	ODBC-Schnittstelle und entsprechende Treiber

Datenbanken:	beliebige ODBC-Datenquelle

5.1.1.2 Voraussetzungen auf der Clientseite:

Hardware:	beliebiger Computer mit Internetanschluß

Software:	beliebiger Webbrowser

5.1.2 Beispielhafter Ablauf einer Abfrage:

Der Datenbankzugriff findet bei dieser Variante über das ISAPI-Serverprogramm httpodbc.dll statt, welches mit dem IIS mitgeliefert wird und sich bei dessen Installation automatisch mitinstalliert.

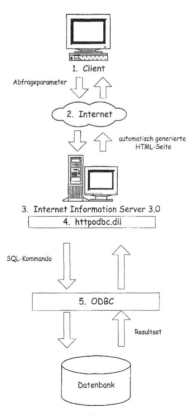

ABB. 5.A: ABLAUFPLAN EINER DATENBANKABFRAGE VIA IDC

- Der Client (1) ruft auf seinem Rechner per Browser eine .idc Page auf.

- Der Aufruf wird in die jeweiligen Netzprotokolle umgesetzt und über das Internet(2) geschickt.

- Der Internet Information Server(3) erkennt an der Dateiendung .idc die ISAPI-Anfrage und die entsprechende weiterverarbeitende serverseitige httpodbc.dll(4) wird aufgerufen.

- Die Anfrage wird ausgewertet und die Anbindung an die Datenbank über die Datenbankschnittstelle ODBC(5) wird vorgenommen.

- Je nach Abfrage wird ein entsprechendes Resultset erstellt und an die httpodbc.dll(4) zurückgegeben.

- Entsprechend den Vorgaben der korrespondierenden .htx Page wird eine HTML-Seite gerendert und an den Web Server(3) weitergegeben.

- Der Web Server wandelt den Code in die entsprechenden Netzprotokolle um und schickt ihn zurück über das Internet(2).

- Der Browser auf dem Clientcomputer(1) stellt den HTML-Code dar.

5.1.3   Beschreibung der Erstellung einer Datenbankanbindung via IDC:

Die .idc-Dateien müssen folgende Informationen enthalten:

- Datasource

  Name der ODBC-Datenquelle, die als System-Datenquelle definiert sein muß

- Username

falls vorhanden

- Password

  falls vorhanden

- Template

  Name der korrespondierenden HTML-Vorlage (.htx)

- SQL - Statement

Natürlich können auch Parameter an eine .idc-Datei übergeben werden, diese werden beim Aufruf der Datei als QUERY_STRING an die URL in Folge eines Fragezeichens angehängt.

Die .htx-Dateien ähneln vom Aufbau normalen HTML-Seiten, allerdings enthalten sie zusätzliche Platzhalter an den Stellen, wo die Abfrageergebnisse eingefügt werden sollen.

`<%begindetail%>` und `<%enddetail%>` legen den jeweiligen Detailbereich fest, die einzelnen Werte können mit `<%Spaltenname%>` direkt angesprochen werden. Zusätzlich kann mit `<%if ...%>` und `<%endif%>` gearbeitet werden, um einfache Bedingungen zu formulieren (z.B. um einen entsprechenden Text auszugeben, falls die Datenbankabfrage keine Ergebnisse lieferte). Damit erschöpft sich allerdings bereits der Script-Sprachvorrat der .htx-Dateien.

Ein stark vereinfachtes Beispiel dieser Technik ist in Anhang D enthalten.

5.1.4 Beurteilung:

5.1.4.1 Vorteile:

☺   bereits geringe HTML und SQL-Kenntnisse führen zu   nützlichen Ergebnissen

☺   durch Anbindung via ODBC werden fast alle gängigen DBMS unterstützt

☺   schnelle und unkomplizierte Seitenerstellung ist möglich

5.1.4.2 Nachteile:

☹   Datenbanken müssen im Windows-Systemverzeichnis vorliegen

☹   Es bestehen keine Möglichkeiten der Transaktionsverarbeitung

☹   Statemanagement findet nicht statt

☹   Nur einfachere Datenbankabfragen werden unterstützt

☹   Für eine Page müssen zwei getrennte Dateien (.idc & .htx) vorliegen

☹   Es existiert keine Entwicklungsumgebung

☹   Es können nur textorientierte Datenbankinhalte veröffentlicht werden

☹   Nur auf dem Internet Information Server einsetzbar

☹   Es können keine zusätzlichen Scriptsprachen eingesetzt werden

5.1.4.3 Fazit:

Man könnte IDC als eine Art "Vorstufe" von ASP[14] charakterisieren, im Prinzip

---

[14] Siehe unten

eignet sich diese Methode nur für das einfache Darstellen von Datenbankinhalten in Form eines Nachweises.

Werden kompliziertere DB-Abfragen verlangt oder soll die Datenbank online geändert werden, empfiehlt sich diese Möglichkeit nicht (obwohl es rein technisch gesehen möglich wäre).

MS-Access 97 und Microsoft FrontPage 97 unterstützen diese Technologie, d.h. MS-Access-Tabellen und -Abfragen lassen sich per Mausklick in eine IDC/HTX-Form überführen und im Internet einsetzen, d.h. unabhängig von HTML- oder SQL-Kenntnissen können Pages erstellt werden, die zwar stets den aktuellen Stand der zugrundeliegenden Datenbank dynamisch widerspiegeln, aber bei denen dem Anwender keine Möglichkeit der interaktiven Datenselektion eingeräumt wird.

5.2   Einleitung - Microsoft Active Server Pages (ASP):

Bei den IIS-spezifischen ASP handelt es sich um größtenteils aus HTML-Code bestehende Seiten, die zusätzliche ActiveX-Controls enthalten. Diese werden allerdings nicht wie sonst üblich auf den Client heruntergeladen und dort installiert, sondern verbleiben auf der Serverseite. Da kein clientseitiger Code ausgeführt wird, bestehen auch nicht die ansonsten mit dem ActiveX Modell verbundenen Sicherheitsrisiken[15], eine Zertifizierung ist nicht notwendig.

Active Server Pages unterstützen unter anderem Visual Basic Script und JScript (eine von Microsoft entwickelte Javascript ähnliche Sprache). Die z.B. in einer ASP eingebundenen Active-Server-Komponenten können in vielen Sprachen erstellt werden, so z.B. in Java, Visual Basic, C++, Cobol etc.. Die Ausgabe des Ergebnisses auf dem Clientrechner geschieht in Form einer reinen HTML-Seite.

Auch in diesem Fall findet keine direkte Datenbankanbindung statt.

5.2.1 Voraussetzungen:

Für den Betrieb im Inter- oder Intranet müssen folgende Voraussetzungen erfüllt, bzw. folgende Software gestartet sein:

5.2.1.1 Voraussetzungen auf der Serverseite:

Hardware:	
Minimum:	486ger 66 CPU, 16 MB RAM

Software:	
Betriebssystem:	Windows NT
Webserver:	Microsoft Internet Information Server ab Version 3.0
zusätzlich:	ASP-Erweiterung
	ODBC-Schnittstelle und entsprechende Treiber

Datenbanken:	beliebige ODBC-Datenquelle

5.2.1.2 Voraussetzungen auf der Clientseite:

Hardware:	beliebiger Computer mit Internetanschluß

Software:	beliebiger Webbrowser

5.2.2 Installation

Die für die Erstellung und den Einsatz von ASP erforderliche Software ist kostenlos von der Microsoft-Homepage zu beziehen. Die Installation verlief problemlos. Zusätzlich sind eine umfangreiche Dokumentation sowie diverse Beispiele enthalten.

5.2.3 Beispielhafter Ablauf einer Abfrage:

Der Datenbankzugriff findet bei dieser Variante über eine von Microsoft zur Verfügung gestellte Komponente in Form einer DLL-Datei (MSADO10.DLL) im Rahmen der ADO-Technik (Active Data Objects) statt. Die eigentliche Verbindung wird via ODBC vorgenommen, d.h. jede ODBC-fähige Datenbank kann genutzt werden.

Wie bei den meisten verwendeten Beispielen dieser Diplomarbeit werden auch hier die Datenbankaktionen per SQL-Kommandos gesteuert, d.h. es sind sowohl einfache Abfragen (SELECT), als auch z.B. Anfügungs- (INSERT) oder Änderungsanfragen (UPDATE) möglich.

---

[15] Siehe auch Punkt 8.1

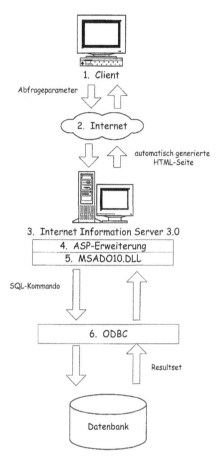

ABB. 5.B: ABLAUFPLAN EINER DATENBANKABFRAGE VIA ASP

- Der Client (1) ruft auf seinem Rechner per Browser eine ASP auf.

- Der Aufruf wird in die jeweiligen Netzprotokolle umgesetzt und über das Internet(2) geschickt.

- Der Internet Information Server(3) erkennt an der Dateiendung .asp die ISAPI-Anfrage und die entsprechenden weiterverarbeitenden serverseitigen ISAPI-DLLs(5) der ASP-Erweiterung(4) werden aufgerufen.

- Die ADO-Komponente(5) wertet die Anfrage aus und nimmt die Anbindung an die Datenbank über die Datenbankschnittstelle ODBC(6) vor.

- Je nach Abfrage wird nun ein entsprechendes Resultset erstellt und zurückgegeben an die ASP(4).
- Entsprechend den Vorgaben wird eine HTML-Seite gerendert und an den Web Server(3) weitergegeben.
- Der Web Server wandelt den Code in die entsprechenden Netzprotokolle um und schickt ihn zurück über das Internet(2).
- Der Browser auf dem Clientcomputer(1) stellt den HTML-Code dar.

5.2.4 Beschreibung der Datenbankanbindung auf einer Active Server Page unter Vewendung von VBScript:

Der vor dem einleitenden <HTML> Tag stehende Tag <%@ LANGUAGE = VBScript %> ist obligatorisch. Anschließend folgen entsprechende VBScript-Codeblöcke zur Anbindung der Datenbank. Beginn und Ende eines Blocks werden durch <% und %> gekennzeichnet.

Vorgegebene Objekte erleichtern die Programmierung, so z.B. REQUEST (zuständing für die Parameterübergabe vom Client zum Server) oder RESPONSE (zuständing für die Parameterübergabe vom Server zum Client).
Ferner kann z.B. mit Bedingungen und Schleifen (For-Next, While) gearbeitet werden.
In einem SESSION-Objekt[16] können Informationen einer Sitzung gespeichert werden, die auch dann gültig bleiben, wenn clientseitig verschiedene Seiten der Site abgerufen werden. Das SESSION-Objekt wird erst vollständig gelöscht, wenn eine Sitzung ordnungsgemäß beendet oder abgebrochen wurde.
Mittels APPLICATION-Objekt lassen sich verschiedene Eigenschaften festlegen, die alle Besucher einer Site betreffen. So können z.B. einzelne Datensätze via LOCK global gesperrt werden.

Ein einfaches Beispiel dieser Technik ist in Anhang E beigefügt.

---

[16] Siehe auch Punkt 2.6

5.2.5 Beurteilung:

5.2.5.1 Vorteile:

☺ Durch Anbindung via ODBC werden fast alle gängigen DBMS unterstützt

☺ Datenbanken können in beliebigen Verzeichnissen vorliegen

☺ Der Quellcode der ASP kann clientseitig nicht direkt eingesehen werden

☺ Transaktionsverarbeitung und Statemanagemant via Session-Objekte werden unterstützt

☺ ActiveX-Komponenten und Java-Applets können eingebunden werden

☺ Es ergeben sich keine Sicherheitsrisiken bzw. Zertifizierungsprobleme, da die ActiveX -Komponenten serverseitig installiert sind und nicht dynamisch heruntergeladen werden.

☺ VBScript-spezifische Objekte (z.B. Request, Response) erleichtern die Datenübermittlung zwischen Client und Server

☺ Mittels einer globalen Seite, die beim ersten Aufruf einer ASP automatisch aktiviert wird (Global.asa-Active Server Applikation) können Variablen definiert und Ereignisse ausgelöst werden

5.2.5.2 Nachteile:

☹ Es liegt keine Entwicklungsumgebung vor

☹ Es kann nur eine Scriptsprache pro ASP verwendet werden

☹ Es können nur textorientierte Datenbankinhalte veröffentlicht werden

☹ Statemangement wird über Cookies abgewickelt (nicht alle Browser unterstützen Cookies, bzw. nicht alle Anwender tolerieren sie)

☹ Neben SQL- und HTML-Kenntnissen müssen VBScript-Kenntnisse vorhanden sein

☹ Nur auf dem Internet Information Server einsetzbar

☹ Die Dokumentation ist sehr unübersichtlich

☹ Die mitgelieferten Beispiele sind unzureichend

5.2.5.3 Fazit:

Im direkten Vergleich zum "kleineren Bruder" IDC[17] sind die Active Server Pages um einiges leistungsfähiger, was schon an dem größeren Umfang der zugrundeliegenden Scriptsprachen erkenntlich ist. So kann das Aussehen der ASP z.b. datenabhängig gestaltet werden (Anzeigen einer Spalte nur wenn vorhanden etc.). Dahingehend empfiehlt sich diese Technik für die Tätigung umfangreicherer Abfragen und Transaktionen. Durch die Abwicklung über die ISAPI-Schnittstelle ist eine schnelle Bearbeitungszeit garantiert.

Herausragend ist ebenfalls das implementierte Statemanagement, mit dem eine größere Anzahl von simultanen Datenbankabfragen gesteuert werden kann.

Wird in einem Unternehmen von vorneherein bereits der IIS eingesetzt, empfiehlt sich als Einstieg diese kostengünstige Lösung der Datenbankpublikation.

---

[17] Siehe oben

6   Einleitung Borland Intrabuilder:

Bei diesem Programmpaket handelt es sich um ein komplettes Entwicklungssystem zur Veröffentlichung von Daten im Internet. Mittels einer graphischen Benutzeroberfläche und via Drag&Drop bzw. mit der Unterstützung verschiedener Assistenten oder als reines Script werden Javascript-Formulare und -Berichte in Form von Vorlagen erstellt, die bei Zugriff dynamisch um die Datenbankinhalte ergänzt werden.

Zusätzlich besteht die Möglichkeit, Tabellen und Abfragen zu erstellen.

6.1   Voraussetzungen:

Für den Betrieb im Inter- oder Intranet müssen folgende Voraussetzungen erfüllt, bzw. folgende Software gestartet sein:

6.1.1   Voraussetzungen auf der Serverseite:

Hardware:	
empfohlen:	Pentium 166 CPU, 32MB RAM oder höher
Minimum:	486ger 66 CPU, 16 MB RAM

Software:	
Betriebssystem:	Windows 95/NT
Web Server:	Microsoft Internet Information Server
	Microsoft Personal Web Server
	Netscape FastTrack-Server
	O'Reilley Website
	Borland Web Server
zusätzlich:	ODBC-Schnittstelle und entsprechende Treiber
	Intrabuilder Server

Datenbanken:	beliebige ODBC-Datenquelle

6.1.2 Voraussetzungen auf der Clientseite:

Hardware:	beliebiger Computer mit Internetanschluß

Software:	beliebiger Web Browser, idealerweise javascriptfähig (nicht zwingend)

6.2 Erhältliche Versionen:

Verfügbar sind drei verschiedene Versionen des Intrabuilders (Normal, Professionell und Client/Server). Hierbei handelt es sich um Programmpakete, die im einzelnen aus den folgenden Komponenten bestehen:

6.2.1 Intrabuilder Standard:

- **Intrabuilder Development Environment / Designer**

  Die Entwicklungsumgebung des Intrabuilder-Systems stellt neben einem Texteditor auch verschiedene Assistenten sowie eine visuelle Oberfläche (GUI) für das Erstellen von Formularen, Berichten, Tabellen und Abfragen zur Verfügung.

- **Borland Web Server**

  Ein einfacher kleinerer Web Server, der schon auf Systemen mit nur 16 MB RAM lauffähig ist.

- **Intrabuilder Server (Broker & Agent)**

  Beide Komponenten sind nur für den Einsatz des Borland Web Servers konzipiert. Mitgeliefert wird nur ein Agent.

- **Borland Database Engine**

  Ähnlich wie ODBC handelt es sich hierbei um eine Datenbankschnittstelle, die die proprietären Formate Dbase und Paradox unterstützt. Zusätzlich können sämtliche ODBC-Datenbanken angebunden werden.

- **Netscape Navigator Gold**

  Ein Browser inklusive Entwicklungsumgebung für HTML-Programme

6.2.2   Intrabuilder Professionell:

Zusätzlich zu den normalen Komponenten sind folgende Module beinhaltet:

- *Netscape Fasttrack Server*

  Ein leistungsstarker ursprünglich für Intranets gedachter Web Server für Windows NT

- *Intrabuilder Broker für CGI, NSAPI und ISAPI*

  Broker für die verschiedenen erhältlichen Windows-Web Server. So kann die API gewählt werden, die dem eingesetzten Web Server am besten entspricht.

- *Intrabuilder Agenten*

  In dieser Version können mehrere Agenten eingesetzt werden.

- *SQL-Treiber für MS-SQL Server und Borland InterBase*

  Treiber für die Anbindung von Datenbanken des MS-SQL Servers oder des InterBase Servers

6.2.3   Intrabuilder Client/Server:

Zusätzlich zu den Professional-Komponenten finden sich noch folgende Module:

- *Remote Intrabuilder Agents*

  Ermöglichen den gleichzeitigen Einsatz des Systems auf verschiedenen NT-Servern und Workstations

- *SQL-Treiber für Oracle, Sybase, Informix, IBM DB2, MS-SQL Server, Borland InterBase*

  Ermöglichen die Anbindung an die genannten Datenbanken bzw. die jeweiligen Datenbankserver

- *Remote ODBC-Treiber*

  Gestatten den Anschluß aller ODBC-fähigen Datenbanken

Für diese Diplomarbeit wurde die Client/Server-Version 1.01a (englische Version) des Intrabuilders zugrunde gelegt.

6.3   Installation:

Das Programm setzt sich im Prinzip aus zwei Modulen zusammen: Der Entwicklungsumgebung zum Erstellen und Bearbeiten von Formularen, Berichten, Abfragen und Tabellen und dem Intrabuilder Server, welcher sich wiederum aus einem
Broker und auf Wunsch bis zu 25 local und remote agents zusammensetzt, die im
Hintergrund aktiv sind.

- *Broker:*

  Dieses Programm erkennt vom Web Server ankommende CGI- (in diesem Fall
  WIN-CGI[18]) Aufrufe und leitet diese an jeweils freie Agenten zur Bearbeitung
  weiter.

- *Agenten:*

  Nehmen die eigentliche Datenbankanbindung vor, rendern HTML-Output und
  geben ihn zurück an den Web Server. Ein Agent kann bis zu 32 simultane Sitzungen verwalten, wobei für jede Sitzung ein Session-Objekt[19] vergeben wird.
  Gelten für mehrere Benutzer identische Einstellungen, so können sich auch
  verschiedene Clients ein Session-Objekt teilen.

- *Remote Agents:*

  Da ein einzelner Agent bis zu 10 MB Speicherplatz während der Laufzeit
  veranschlagen kann, ist es ratsam, einzelne Agenten auf verschiedene eventuell
  nicht ausgelastete Rechner im Netzwerk auszulagern. Der auf dem Web Server
  aktive Broker leitet die Anfragen an diese Computer (weitere NT-Server oder
  NT-Workstations) zur Bearbeitung weiter. Diese Option ist nur in der Cli-
  ent/Server-Version möglich, hier können bis zu 25 Agenten im System eingesetzt werden.

Die Installation des Intrabuilders gestaltet sich recht einfach. Man wird durch ein
Installationsmenü geführt, in dem man die entsprechenden Pfade der Programme

---

[18] Siehe auch Punkt 2.4
[19] Siehe auch Punkt 2.6

festlegen kann. Zusätzlich entscheidet man hier über das Setup des Intrabuilder Servers. Folgende Optionen stehen zur Auswahl:

- Nummer der Agenten: Default = 3

  Legt die Anzahl der Agentenprogramme fest, die die jeweiligen Datenbankaufrufe verarbeiten

- Nummer der möglichen Sitzungen (sessions): Default = 60

  Legt die Anzahl der möglichen gleichzeitigen Zugriffe fest

- Timeout der Sitzungen: Default = 1200

  Legt die Zeitspanne in Sekunden fest, die eine Sitzung dauern kann

Diese Werte lassen sich nach Installation des Programmes ändern, indem man im Verzeichnis Intrabuilder/Server das Formular Server.jfm aufruft. Anschließend installieren sich die Module in den gewählten Verzeichnissen. Weitere Konfigurationen müssen per Hand vorgenommen werden. Möchte man z.B. den Intrabuilder Server mit einem anderen Web Server als dem mitgelieferten Borland Web Server verwenden, so sind gewisse Einträge in der Registrierungsdatei des Servercomputers erforderlich. Eine Anleitung hierfür ist im Lieferumfang enthalten.

Ein weiteres kleineres Problem tritt auf, wenn man die mit dem Intrabuilder erstellten Formulare und Berichte auf der gleichen Maschine austesten möchte, auf der das Programm installiert ist und dabei als Browser den Netscape Communicator 4.0 einsetzt. Dieser erkennt die Formulare selbständig an der Dateiendung und versucht, das Formular zu laden bzw. mit dem Intrabuilder Designer zu starten, anstatt es wie beabsichtigt im Browserfenster anzuzeigen.

Dieses Problem umgeht man, indem man in den Einstellungen des Browser im Unterpunkt Navigator/Applikationen die Dateikennungen .jfm, .jrp, .jfo und .isv löscht. Nun lassen sich die Formulare im Browser starten. Ein kleinerer Nachteil ist jedoch, daß sie im Windows-Explorer nicht mehr per Doppelklick geöffnet werden können.

6.4　Beispielhafter Ablauf einer Anfrage[20]:

Voraussetzung hierfür ist, daß neben dem Betriebssystem und dem Web Server auf dem Serverrechner auch der Intrabuilder Server gestartet wurde.

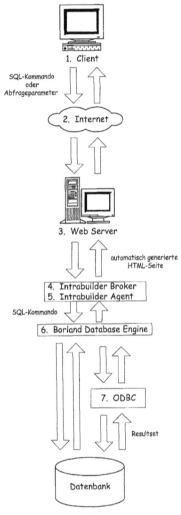

ABB. 6.A: ABLAUFPLAN EINER DATENBANKABFRAGE MIT DEM INTRABUILDER

---

[20] Vgl. http: //www.borland.com/intrabuilder/papers/intraarch/database.html

- Der Client (1) ruft auf seinem Rechner per Browser z.B. ein mit dem Intrabuilder Designer erstelltes Javascriptformular auf, welches die Daten einer Datenbank anzeigen soll. Dies kann entweder direkt oder über eine entsprechend vorangestellte HTML-Seite erfolgen. Die aufgerufene URL liegt folgender Form vor:

  http://www.Computername.Domain/svr/intrasrv.isv?formularname.jfm

  (für Javascriptformulare wird standardmäßig die Endung .jfm vergeben, für Javascriptberichte die Endung .jrp (report))

- Der Aufruf wird in die jeweiligen Netzprotokolle umgesetzt und über das Internet(2) geschickt.

- Der Web Server(3) erkennt an der Dateiendung .isv die WIN-CGI-Anfrage und leitet sie an den Intrabuilder Broker(4) weiter.

- Der Intrabuilder Broker(4) ermittelt einen verfügbaren Agenten(5) und leitet die Anfrage an ihn weiter.

- Der Intrabuilder Agent(5) wertet die Anfrage aus und nimmt die Anbindung an die Datenbank über die proprietäre Datenbankschnittstelle BDE (Borland Database Engine) vor (6).

  Wenn die Datenbank im DBase oder Paradox-Format vorliegt, erfolgt die Anbindung direkt. Andernfalls wird zusätzlich eine weitere Datenbankschnittstelle wie z.B. ODBC (7), der MS-SQL-Server oder Borland Intrabase angesprochen, welche die Anbindung vornimmt.

- Je nach Formularvorgabe wird ein entsprechendes Resultset erstellt, welches die Daten beinhaltet und eine HTML-Seite wird nach den gewünschten Vorgaben gerendert.

- Der Agent(5) gibt den erstellten HTML-Output zurück an den Intrabuilder Broker(4).

- Der Intrabuilder Broker(4) gibt die dynamisch erstellte HTML-Seite weiter an den Web Server(3).

- Der Web Server wandelt den Code in die entsprechenden Netzprotokolle um und schickt ihn zurück über das Internet(2).

- Der Browser auf dem Clientcomputer(1) stellt den HTML-Code dar.

6.5   Beschreibung der Entwicklungsumgebung (Designer):

An dieser Stelle soll nun in kurzer Form die Entwicklungsoberfläche sowie die
Assistentenprogramme des Intrabuilders besprochen werden.

6.5.1   Desktop Properties:

Hier lassen sich verschiedene Optionen einstellen. So können z.B. ein externer
Editor eingebunden und Logfiles definiert sowie das System individuell konfiguriert werden etc..

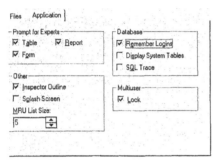

ABB. 6.B: INTRABUILDER DESIGNER DESKTOP PROPERTIES SCREEN

6.5.2   Intrabuilder Explorer:

Hierbei handelt es sich um ein Tool, welches übersichtlich den Inhalt
verschiedener Dateiordner gruppiert nach Formularen, Berichten etc. anzeigt,
ähnlich wie es aus MS-Access bekannt ist.

Ein Rechtsklick mit der Maus auf eine bestehende Datei öffnet folgendes Menü:

- ***Run Form***

   Kompiliert die Datei und zeigt sie an

- ***Design Form***

   Verzweigt zum Entwicklungsfenster, wo das Formular (oder der Bericht etc.)
   weiter bearbeitet werden kann

- ***Compile Form***

   Erstellt ein lauffähiges .jfo-File

- ***Edit as Script***

Startet den mitgelieferten oder in den Desktopproperties festgelegten Editor

- *Delete*

  Löscht die entsprechende Datei sowie ein eventuell zugehöriges kompiliertes

  .jfo oder .jro-File

- *Properties*

  Zeigt die üblichen Dateiattribute (Größe, Datum der letzten Änderung,

  schreibgeschützt etc.) an

Mit einem Rechtsklick auf die als „untitled" bezeichneten Templates startet man
die Erstellung neuer Formulare, Berichte, Scripte etc..

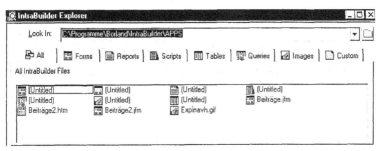

ABB. 6.C: INTRABUILDER DESIGNER EXPLORER SCREEN

6.5.3   Erstellen eines neuen Files:

Folgende Dateien können mit dem Intrabuilder Designer erstellt werden, größtenteils stehen hierzu auch Assistenten zur Verfügung:

- *Form*

Formular zur Darstellung und Manipulation von Datenbankinhalten nach einer
vorherigen Abfrage, vom Web Browser aus startbar

- *Homepage Form*

Im Prinzip das gleiche wie ein Formular, nur der unterstützende Assistent zur
Formularerstellung ist anders. Hier wird eine Homepage erstellt, d.h. man hat
die Möglichkeit, Firmennamen, Logo, E-Mailadresse etc. einzugeben, sowie
Links zu Formularen und Berichten zu erstellen.

- *Custom Form Class*

Wiederverwendbare Vorlage eines Formulars

- **Report**

Bericht zur Darstellung von Datenbankinhalten (eventuell gruppiert) nach einer vorherigen Abfrage, vom Web Browser aus startbar

- **Table**

Tabelle eines beliebigen Datenbankformates (entweder DBase oder Paradox nativ oder via ODBC definierte Datenquelle)

- **Query Builder Query**

Abfrage, visuell erstellt. Hierzu wird der sogenannte Query Builder aufgerufen

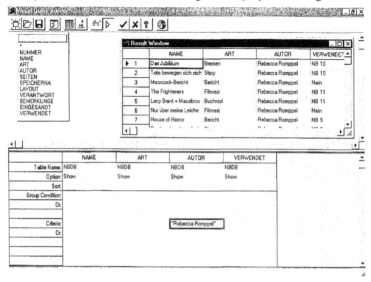

ABB. 6.D: INTRABUILDER VISUAL QUERY BUILDER SCREEN

Via Drag&Drop können die einzelnen Spaltennamen der Tabelle ausgewählt werden. Die gewünschten Auswahl-, Sortier- und Gruppierungskriterien können eingetragen werden. Die erstellte Abfrage läßt sich austesten, das Ergebnis wird in einem 'Result Window' angezeigt.

Das Vorgehen erinnert hierbei stark an die visuellen Abfrageinstrumente der MS- Access-Oberfläche.

- **SQL Statement Query**

Abfrage, erstellt durch Eingabe eines SQL-Statements

6.5.4   Schrittweise Erstellung einer einfachen Anbindung einer Datenbank in Form eines Formulars unter Verwendung des IB-Assistenten:

Voraussetzung hierfür ist, daß die Datenbank zuvor sowohl als ODBC-Datenquelle als auch als BDE-Datenquelle registriert wurde[21]. Für die Arbeit mit Paradox oder DBase Dateien liegen bereits Standard-BDE-Treiber vor, so daß diese nicht extra konfiguriert werden müssen, eine ODBC-Registrierung ist in diesem Fall ebenfalls nicht notwendig.

Nach Anwahl des Programmpunktes File/New/Form wird ein Assistentenprogramm gestartet, welches die schrittweise Erstellung eines Datenbankformulars ermöglicht.

• **Schritt 1 - Wählen einer zugrundeliegenden Abfrage oder Datenbank :**
Nach Auswahl des entsprechenden Alias werden die zugehörigen Tabellen und Abfragen angezeigt.

• **Schritt 2 - Auswahl der zu veröffentlichenden Spalten**

• **Schritt 3 - Festlegung des Layouts**
Es kann zwischen zwei Möglichkeiten der Darstellung der Datenbankinhalte entschieden werden:

ABB. 6.E:LAYOUT IN EINZELNEN SPALTEN   ABB. 6.F: LAYOUT ALS FORMULAR

• **Schritt 4 - Entscheidung über die weitere Gestaltung**
In diesem Schritt wird z.B. über die Schriftgröße der Labels und die Farbgebung   sowie über ein eventuelles Hintergrundbild entschieden. Es kann hierbei auf   vorgefertigte Farbschemata zurückgegriffen werden, eigene Schemata können   erstellt und zur weiteren Verwendung abgespeichert

werden.

- **Schritt 5 - Festlegung der Funktionen, über die das Formular verfügen soll**

  Als Steuerungselemente können herkömmliche Buttons (auf denen in Textform deren Funktion angezeigt wird) oder vom Programm zur Verfügung gestellte graphische Buttons gewählt werden. Auch deren Ausrichtung (oben, unten, links, rechts) wird hier festgelegt.

  Zur Auswahl stehen Buttons (und jeweils auch zugrundeliegende Funktionen) zur Navigation durch die angezeigten Datensätze (nächster, vorheriger, erster, letzter), Buttons für das Manipulieren von Datenbankinhalten (Add, Save, Edit, Delete, Abandon) sowie Buttons zum Starten von Abfragen oder Filtern.

  Zusätzlich können je ein weiteres Formular und ein Bericht angegeben werden, die per Mausklick von dem erstellten Formular aus gestartet werden können.

- **Schritt 6 - Speichern des Formulars**

  Das Formular wird unter einem beliebigen Namen mit der Dateikennung .jfm abgespeichert und kann anschließend gestartet oder im Designer weiter bearbeitet werden.

Verständlicherweise liefert der Einsatz des Assistenten nur ein minder befriedigendes Ergebnis und umfangreiche Nachbearbeitungen sind oftmals erforderlich. Hierzu hat man die Wahl zwischen der graphischen Entwicklungsumgebung und dem Scriptpad, wo man den Javascript-Quellcode des Formulars (oder Berichtes etc.) direkt bearbeiten kann.

6.5.6 Graphische Designoberfläche:

Visuell bearbeiten lassen sich die Dateien in der Designer-Entwicklungsumgebung.

Hierzu stehen verschiedene Komponentenpaletten zur Verfügung:

6.5.6.1 Field Palette:

Nach Aufruf dieser Palette werden sämtliche Spalten der verwendeten Datenbank

---

[21] Siehe auch Anhang B

angezeigt und können per Drag&Drop hinzugefügt werden.

Field Palette

nbdb1

Pointer	NUMMER
NAME	ART
AUTOR	SEITEN
SPEICHERNA	LAYOUT
VERANTWORT	BEMERKUNGE
EINGESANDT	VERWENDET

ABB. 6.G: INTRABUILDER FIELD PALETTE

6.5.6.2 Komponenten Palette:

Ähnlich wie z.B. bei Visual Basic stehen dem Programmierer verschiedene Komponenten zur Verfügung, die per Drag&Drop in das Formular eingefügt werden können. Zwar können die Elemente punktgenau plaziert werden, aber es muß beachtet werden, daß es sich hierbei nur um eine Vorlage handelt, die vom Browser interpretiert wird. D.h. eventuell liefern unterschiedliche Browser ein verschiedenes Aussehen ein und desselben Formulars.

Die Komponenten unterteilen sich in vier Kategorien:

6.5.2.1 Standard:

Component Palette

Standard | Data Access | Navigation | Update |

ABB.6 H: INTRABUILDER STANDARD COMPONENT PALETTE

Hier finden sich die typischen Steuerelemente

- Button   - TextArea
- Checkbox   - SelectBox
- Radiobutton   - Listbox
- Textfield   - Image

- Password (stellt die Eingabe mit Platzhaltern (Sternchen) verdeckt dar)

Als Zeichnungselement stehen horizontale Linien zur Verfügung.

Zusätzlich gibt es die Komponenten:

- Resetbutton (zum Rücksetzen der Formularinhalte im Browser)

- JavaApplet (bindet ein vorhandenes Applet ein)

- Hidden (für die versteckte Parameterübergabe zwischen Formularen)

- ActiveX (zur Einbindung vorhandener ActiveX Elemente)

- HTML (ermöglicht die Darstellung einfachen Textes, aber auch die aller

bekannten   HTML-Befehle, so können z.B.   Links   und   E-Mailadressen

angegeben werden   etc.)

6.5.2.2 Data Access:

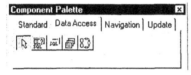

ABB. 6.1: INTRABUILDER DATA ACCESS COMPONENT PALETTE

Unter   diesem   Programmpunkt   finden   sich   Komponenten   zur
Datenbankanbindung:

- *Query*

Definiert die Abfragekriterien via SQL sowie die entsprechenden Zugriffsmodi

- *Stored Procedure*

Ruft eine vordefinierte Prozedur auf

- *Database*

Definiert die einem Formular oder Report zugrundeliegende Datenbank

- Session

Beim Öffnen eines Formulars wird stets eine Default-Session[22] gestartet. Zusätzlich kann pro Benutzer eine eigene Sitzung definiert werden, um so den exklusiven Datenzugriff zu steuern.

6.5.2.3 Navigation:

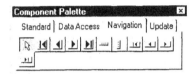

ABB. 6.J: INTRABUILDER NAVIGATION COMPONENT PALETTE

Hier finden sich verschiedene vordefinierte Buttons (oder wahlweise Images) und Funktionen zur Navigation durch die Datensätze:

- First (Navigiert zum ersten Datensatz der Abfrage)

- Last (Navigiert zum letzten Datensatz der Abfrage)

- Next (Navigiert zum nächsten Datensatz der Abfrage)

- Previous (Navigiert zum vorherigen Datensatz der Abfrage)

- Horizontale Scrolleiste (z.B. für größere TextAreas)

- Vertikale Scrolleiste

Ein Betätigen dieser Buttons im Browser löst ein serverseitiges Ereignis aus.

6.5.2.4 Update

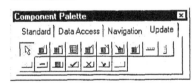

ABB. 6.K: INTRABUILDER UPDATE COMPONENT PALETTE

Unter diesem Programmpunkt finden sich verschiedene vordefinierte Buttons

---

[22] Siehe auch Punkt 2.6

(oder wahlweise Images) und Funktionen zur Datenbankmanipulation (serverseitiges Ereignis):

- *Add*

Ermöglicht das Einfügen eines neuen Datensatzes

- *Delete*

Löscht den aktuellen Datensatz

- *Edit*

Ermöglicht das Ändern des aktuellen Datensatzes

- *Save*

Speichert den aktuellen Datensatz ab

- *Abandon*

Nimmt alle Änderungen zurück und stellt den zuletzt abgespeicherten Zustand wieder her

- *Search*

Betätigt man diesen Button, so erscheint eine leere Formularmaske, in der man entsprechende Kriterien eingeben kann. Ein erneutes Betätigen des Buttons zeigt den ersten Datensatz an, auf den diese Kriterien zutreffen.

- *Filter*

Wie der Name schon andeutet ermöglicht diese Funktion das gezielte Herausfiltern bestimmter Datensätze. Bestätigt man den Button „New Filter", so präsentiert sich eine leere Formularmaske, in der man ein entsprechendes Kriterium (z.B. bei Ort Butjadingen) eintragen kann. Läßt man ein Feld frei (default), so werden alle Datensätze selektiert. Startet man die Funktion durch erneutes Bestä- tigen (diesmal des mit „Run Filter" betitelten Buttons), so werden nur Datensätze angezeigt, die dem gewählten Kriterium entsprechen. Im Gegensatz zu *Search* kann man sich hierbei mit den Navigationsbuttons der Reihe nach sämtliche passenden Datensätze anzeigen lassen.

Hat man die entsprechenden Komponenten per Drag&Drop auf das Formular plaziert, so öffnet ein rechter Mausklick ein weiteres Menü, wo unter anderem der sogenannte Inspector und der Method Editor für das zuvor markierte Element aufgerufen werden können.

6.5.3 Inspector:

Dieses Tool stellt in Form einer Tabelle sämtliche Attribute einer gewählten Komponente dar und erfüllt somit eine ähnliche Funktion wie der Eigenschaften-Editor aus Microsofts Visual Basic Produkt.

Geändert und eingesehen werden können hier visuelle Eigenschaften (Schriftart und -größe, Textausrichtung, vertikale und horizontale Position, Farbe etc.) und auch Eigenschaften zur Identifikation des Elementes (Name, Art etc.), zugeordnete Ereignisse und deren Behandlung sowie zugehörige Methoden.

Die Ereignisse lassen sich in clientseitigen und serverseitigen Code einteilen. Voraussetzung für die Ausführung von clientseitigem Code ist der Einsatz eines javascriptfähigen Browsers auf der Clientseite. Betroffen sind dementsprechend Ereignisse, die sich nur auf der Clientseite abspielen, wie z.B. das direkte Überprüfen von Eingaben etc.. Typische Ereignisse sind z.B. onClick (bei Betätigen eines Buttons), onChange (bei der Änderung eines Feldinhaltes) oder onSelect (ein Textfeld oder eine Textbox wird ausgewählt).

Für serverseitigen Code ist hingegen auf der Clientseite kein javascriptfähiger Browser nötig, da der Code, wie der Name schon andeutet, auf dem Serverrechner ausgeführt wird. Beispiele hierfür sind z.B. die Ereignisse onServerClick (sendet ähnlich wie der Submit-Button der HTML-Formulare das Formular an den Server ab), onNavigate (Anwender benutzt einen der Navigationsbuttons) oder onAppend(nach dem erfolgreichen Eintragen eines neuen Datensatzes).

6.5.4 Method Editor

Dieser Aufruf öffnet das Scriptpad, mit dem generelle Methoden oder spezielle Headercodes erstellt werden können.

6.6   Beispiele

Es sollen nun in kurzer Form zwei Beispiele beschrieben werden. Der vollständige Code mit Kommentaren ist in Anhang F enthalten.

6.6.1 Beispiel der Parameterübergabe zwischen einem HTML-File und einem Intrabuilderformular:

Die vorgegeben Filter- und Abfragefunktionen des Intrabuilders sind nicht sonderlich umfangreich und liefern nicht sehr viele Möglichkeiten (z.B. zur vorherigen Überprüfung der Eingaben des Anwenders). Ein weiterer Weg wäre hier z.B., die gewünschte Selektion der Daten mit einem HTML-Formular vorzunehmen, das um Javascript-Funktionen ergänzt wurde. So kann z.B. eine SQL-Anfrage erstellt werden und einem Intrabuilderformular übermittelt werden, welches dann die entsprechenden Daten anzeigt.

Beruhend auf der Datenbank Beiträge wird in Anhang F.a eine solches Vorgehen demonstriert.

6.6.2 Beispiel einer Anfügungsabfrage:

Basierend auf der Datenbank Wesermarsch (welche zuvor per ODBC und BDE registriert wurde[23]) wählt der Anwender einen Lernort aus und trägt Namen und Wunschbesichtigungstermin ein. Diese Daten werden anschließend in der Datenbank in einer speziellen Anmeldungstabelle fixiert.

Dieses Beispiel findet sich in Anhang F.b.

---

[23] Siehe Anhang B

6.7 Transaktionsverarbeitung, Statemanagement und Caching:

Als umfassendes System unterstützt der Intrabuilder natürlich auch die Transaktionsverarbeitung. Hierfür stehen die üblichen Javascript-Befehle begin-Trans(), commit() und rollback() zur Verfügung[24].

Sämtliche während der Transaktion vorgenommenen Datensatzsperrungen bleiben erhalten, bis der Vorgang mit commit() beendet wird.

Zur Kennzeichnung verschiedener Anwender wird auch hier auf Session-Objekte[25] zurückgegriffen.

Eine Datensatzsperrung findet automatisch statt, wenn ein Datensatz geändert wird, sie kann allerdings auch manuell durchgeführt werden (lockRow(), lockSet()). Die betroffenen Datensätze können von anderen Anwendern nun zwar noch eingesehen, aber nicht mehr geändert werden.

Als Nachteil während der Online-Verarbeitung der Daten wirkt sich unter Umständen der Cache-Speicher der Borland Database Engine aus, denn Datenbankänderungen werden erst mit Beendigung der Sitzung und Schließen der Datenbank tatsächlich fixiert. Es besteht natürlich die Möglichkeit, in der BDE diesen Cache auszuschalten (Schema Cache Time=0).

---

[24] Siehe auch Punkt 2.5
[25] Siehe auch Punkt 2.6

6.8   Beurteilung:

6.8.1   Vorteile:

☺ Es liegt eine graphische Entwicklungsumgebung vor

☺ Durch Anbindung via ODBC werden fast alle gängigen DBMS unterstützt

☺ Datenbanken können in beliebigen Verzeichnissen vorliegen

☺ Es können neue Tabellen und Abfragen erstellt werden

☺ Assistenten garantieren schnelle und unkomplizierte Datenbankanbindungen

☺ Der Quellcode kann clientseitig nicht direkt eingesehen werden

☺ Transaktionsverarbeitung und Statemanagemant werden durch Session-
Objekte untersützt

☺ ActiveX-Komponenten und Java-Applets können eingebunden werden

☺ Sowohl server- als auch clientseitiges Scripting wird unterstützt

☺ Im Binärformat vorliegende graphische Datenbankinhalte können dargestellt
werden

☺ Es werden diverse Webserver unterstützt

☺ Durch den Einsatz von Javascript sind umfangreiche Funktionen einsetzbar

☺ Die mitgelieferten Beispiele sind umfangreich und decken alle wichtigen
Anfängerfragen ab

☺ Die beiliegenden Hilfedateien sind gut

6.8.2   Nachteile:

☹ Neben SQL- und HTML-Kenntnissen müssen Javascript-Kenntnisse
vorhanden sein

☹ Die vom Assistenten vorgegebenen Funktionen zur Datenmanipulation sind
sehr unzureichend und müssen in jedem Fall von Hand ergänzt werden

☹ Die erstellten Javascript-Formulare können von unterschiedlichen Browsern
verschieden interpretiert werden, d.h. es gilt während des Designvorgangs
nicht unbedingt das "What you see is what you get"-Prinzip.

6.8.3   Fazit:

Von sämtlichen im Rahmen dieser Diplomarbeit getesteten kommerziellen Systemen handelt es sich hierbei um das am besten durchdachte.

Besonders überzeugt hierbei die Kompaktheit dieses Programmes, alle wichtigen Werkzeuge zur Datenbankanbindung werden mitgeliefert, eine graphisch orientierte Entwicklungsumgebung ist gegeben, neue Tabellen und Abfragen können erstellt werden, sogar in der Standardversion ist ein Web Server im Lieferumfang enthalten.

Anfänger können mit diesem System schnell und unkompliziert Formulare erstellen, die für kompliziertere Abfragen nötige Programmierung ist durch die Verwendung von Javascript ebenfalls möglich, d.h. man ist nicht an vorgegebene Lösungen gebunden.

Umfangreiches Statemanagement sowie die Abwicklung verstärkten Datenverkehrs ist durch den Einsatz der Agentenprogramme garantiert.

7   Datenbankanbindung per Microsoft Visual Basic:

Diese Form der Anbindung nutzt die Win-Cgi-Schnittstelle[26]. Per Formular wird ein Visual-Basic-Programm gestartet, welches serverseitig die Anbindung an die Datenbank vollzieht und dynamisch eine HTML-Seite erstellt, die auf dem Client-Browser angezeigt wird.

7.1   Voraussetzungen:

Für den Betrieb im Inter- oder Intranet müssen folgende Voraussetzungen erfüllt, bzw. folgende Software gestartet sein:

7.1.1   Voraussetzungen auf der Serverseite:

Hardware:
Minimum: 486ger 66 CPU, 16 MB RAM

Software:
Betriebssystem: Windows 95/NT
Webserver: beliebiger WIN-CGI-fähiger Webserver
zusätzlich: DAO (Data Access Objekte) - Unterstützung

Datenbanken:
Access-Datenbank (native Unterstützung)
oder beliebige ODBC-Datenquelle

7.1.2   Voraussetzungen auf der Clientseite:

Hardware: beliebiger Computer mit Internetanschluß

Software: beliebiger Webbrowser

---

[26] Siehe auch Punkt 2.4

7.2   Beispielhafter Ablauf einer Abfrage:

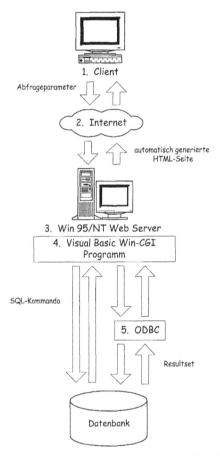

ABB. 7.A: ABLAUFPLAN EINER DATENBANKABFRAGE PER VISUAL BASIC PROGRAMM

- Der Client (1) ruft auf seinem Rechner per Browser ein HTML-Formular auf, füllt es aus und sendet es ab.
- Der Aufruf wird in die jeweiligen Netzprotokolle umgesetzt und über das Internet(2) geschickt.
- Der Web Server(3) startet das entsprechende Win-CGI-Programm(4) und leitet die Parameter weiter.

- Das Programm(4) wertet die Anfrage aus und nimmt die Anbindung an die Datenbank über die Datenbankschnittstelle ODBC(5) vor. Wenn es sich um eine MS-Access-Datenbank handelt, erfolgt die Anbindung direkt.

- Je nach Abfrage wird nun ein entsprechendes Resultset erstellt und zurückgegeben an das WIN-CGI-Programm(4).

- Entsprechend den Vorgaben wird eine HTML-Seite gerendert und an den Web Server(3) weitergegeben.

- Der Web Server wandelt den Code in die entsprechenden Netzprotokolle um und schickt ihn zurück über das Internet(2).

- Der Browser auf dem Clientcomputer(1) stellt den HTML-Code dar.

7.3   Programmbeschreibung:

Bei dem Visual Basic Programm handelt es sich um ein normales Programm zur Datenbankanbindung, wie es z.B. auch zur Verwendung auf einem alleinstehenden Rechner konzipiert werden kann.

Zur Kommunikation über das Internet wird auf ein Schnittstellenmodul namens CGI32.BAS (bzw. CGI.BAS bei Einsatz von Windows 3.11) zurückgegriffen. Dieses Modul war ursprünglich Bestandteil des O'Reilley WebSite-Servers, ist nun aber frei im Internet erhältlich und darf auch kommerziell verwendet werden. In das entsprechende Visual Basic Projekt wird dieses Modul eingebunden.

Zusätzlich ist zu beachten, daß das Programm die Subroutinen namens CGI-Main (wird beim Starten des Codes von CGI32.BAS als erstes aufgerufen) und Inter_Main enthält. Die Inter_Main-Routine kann leer belassen werden, sie wird aufgerufen, wenn das Script nicht vom Server ausgeführt wird.

Die Kommunikation zwischen Browser und Programm findet per Send()-Prozedur statt, die HTML-Befehle zum Client verschickt.

Für das Beispiel einer einfachen Datenbankabfrage siehe Anhang G.

Natürlich sind neben einer Abfrage auch alle anderen denkbaren Arten von Datenbankmanipulationen möglich, die per SQL-Kommandos ausgeführt werden können (INSERT, DELETE, UPDATE etc.).

Hierzu müßten entsprechende Formulare generiert werden, in denen der Client die nötigen Daten eintragen kann. Diese Daten können entsprechend per Visual Basic überprüft und in der Datenbank fixiert werden.

Für die Programmierung des CGI-Programms sei an dieser Stelle auf weiterführende Literatur[27] verwiesen.

7.4   Beurteilung:

7.4.1   Vorteile:

☺ Es kann auf den kompletten Visual Basic Sprachschatz für die serverseitige Verarbeitung der Datenbankabfragen zurückgegriffen werden

7.4.2   Nachteile:

☹ Für jeden Aufruf muß das CGI-Programm erneut gestartet werden, was Zeitverluste bei der Verarbeitung mit sich bringt und die Ressourcen des Servers zusätzlich belastet

☹ Nur auf Win-CGI-fähigen Servern einsetzbar

☹ Neben HTML- müssen auch Visual Basic-Kenntnisse vorhanden sein

☹ Kontrolliertes   einheitliches   Statemanagement   mehrerer   gleichzeitiger Zugriffe   kann nicht erfolgen

☹ In der Datenbank gespeicherte Graphiken können nicht übermittelt werden

☹ Es muß ein relativ hoher Programmieraufwand betrieben werden

---

[27] z.B. Visual Basic 5 - Das Kompendium, Walter Doberenz, a.a.O.

7.4.3 Fazit:

Diese Methode ist nicht sonderlich gut geeignet, falls mit höherem Datenaufkommen gerechnet wird, bzw. online Änderungen an den Datenbanken vorgenommen werden.

Das zugrundeliegende Programm CGI32.BAS ist zwar relativ leistungsfähig, wenn es um textorientierten Output geht, versagt aber bei der Übermittlung von Graphiken oder Audiodateien.

8 Datenbankanbindung mit Java:

Da es sich bei Java um eine plattformübergreifende Sprache handelt, d.h. einmal erstellte und kompilierte Applets und Applikationen sind auf jedem Betriebssystem einsatzfähig, ist es für den Einsatz im Internet geradezu prädestiniert.

Die Plattformunabhängigkeit Javas erklärt sich durch die verwendete Virtual Machine. Hierbei übernehmen javafähige Browser, die unter Windows, Unix oder Solaris laufen, die Funktion des Debuggers und Interpreters und fungieren als virtuelles Betriebssystem. Der Browser stellt dabei den Kontakt zu dem tatsächlichen Betriebssystem her.

Im Gegensatz zu CGI-Programmen wird ein Applet vom Server übertragen und kann komplett und unabhängig vom Server auf dem Rechner des Clients ausgeführt werden.

Java ist multithreadingfähig, d.h. problemlos können mehrere Applets auf einer HTML-Seite gleichzeitig ausgeführt und abgearbeitet werden.

Ähnlich wie C++ arbeitet Java klassen- und objektorientiert, allerdings wurde hierbei auf den Einsatz von Zeigern sowie auf die aus C++ bekannte Mehrfachvererbung verzichtet.

Java ist streng typisiert, eine automatische Typenumwandlung wird nicht durchgeführt. Durch den nötigen Einsatz von Fehlerbehandlungsroutinen handelt es sich um eine relativ sichere Sprache.

Für die Anbindung verschiedener Datenbanksysteme wurde das Interface JDBC von Sun kostenlos im Rahmen des JDK ab der Version 1.1. zur Verfügung gestellt.

8.1   Trusted vs. Untrusted applets - Digitale Signaturen[28]

Um die Sicherheit der Benutzer zu gewährleisten, gelten gewisse Restriktionen
für Java-Applets:

- Clientseitige Programme so z.B. .EXE und .DLL.Files dürfen nicht
  ausgeführt werden
- Clientseitige Festplattenzugriffe sind unzulässig
- es darf nur mit dem Host kommuniziert werden, auf dem das Applet liegt

Java-Applets laufen deshalb innerhalb eines streng definierten Umfeldes, der
sogenannten Sandbox, ab, womit verhindert werden soll, daß Applets z.B.
geschützte Daten des Clients abrufen oder gar die Festplatte formatieren.

Um Applets gewisse Aktionen, für die ein Festplattenzugriff auf der Clientseite
unerläßlich ist (z.b. der Zugriff auf die ODBC-Schnittstelle) zu gestatten, wurde
die Authenticode-Technologie entwickelt.

Hierbei erhält ein Applet eine digitale Signatur, die folgende Punkte beinhaltet:

- Die Identität des Programmierers bzw. der herausgebenden Firma

- Die Garantie, daß der Code seit dem Signieren nicht mehr verändert wurde

Verschiedene Anbieter haben hierzu eigene Lösungen erstellt, so z.B. Microsoft
(Authenticode), JavaSoft (Java Archive) und IBM (Crytopoles). Um zu verhin-
dern, daß die Anzahl der proprietären Signaturen unüberschaubar wird, versucht
das World-Wide-Web-Konsortium (www.w3.org) zur Zeit, einen einheitlichen
Code durchzusetzen.

Die dazu eingesetzte Digital-Signatur-Initiative (Dsig) baut auf der bereits bestehenden PICS-Spezification (Platform for Internet Content Selection) auf. PICS
ordnet WWW-Dokumenten eine zusätzliche Datenstruktur in Form eines Labels
zu. Dieses Label beinhaltet Informationen über den Inhalt des Dokumentes in

---

[28] Vgl.: Microsofts Authenticode (Flynn) Java Report Februar 1997,
           Microsofts Authenticode Documentation (www.microsoft.com),
           Spreu & Weizen - Die Signatur-Initiative des WC3 (Schmeh), Internetworld, August 97

Form einer Beurteilung (so z.B. eine Altersbeschränkung). Ist ein Browser
entsprechend konfiguriert, verweigert er den Aufruf entsprechender Dokumente.
Mit Dsigs wird einem PICS-Label eine digitale Unterschrift hinzugefügt, welche
die Herkunft und Integrität des Applets oder ActiveX-Elementes garantieren soll.

8.1.1   Digitale Signatur am Beispiel des Microsoft Authenticodes:

Microsoft entwickelte diese Technologie ursprünglich, um den ActiveX-Standard
voranzutreiben, denn die meisten ActiveX-Elemente arbeiten mit binärem Code
und tätigen Zugriffe auf der Clientseite, bzw. installieren sich dort selbständig.
Dies läßt sich ebenfalls auf Java-Applets beziehen, die eine ähnliche
Funktionalität aufweisen (z.B. bei Benutzung der JDBC-ODBC-Bridge).
Ein weiterer Vorteil ist, daß ein so gezeichnetes Java-Applet ActiveX-Elemente
einbinden kann wie eine Java-Klasse.
Wenn ein Browser auf eine Signatur stößt, so wird im Browserfenster ein Zertifikat angezeigt, welches den Namen des Herstellers sowie Infos über das Applet
beinhaltet. Der Benutzer kann nun noch entscheiden, ob er dem Applet vertraut
und es startet oder den Vorgang abbricht.

Um ein Programm auf diese Weise zu signieren müssen folgende Schritte befolgt
werden:

*   **Schritt 1:**
    Der gesamte Code muß in Form eines Microsoft-CAB-Files vorliegen. Hierbei
    handelt es sich um ein gepacktes Format. Die dazu nötige Software (Cab De-
    velopers Kit) findet sich als Teil des kostenlosen SDK (Software Development
    Kit) z.B. auf der Microsoft Homepage.

- **Schritt 2:**

Ein öffentlicher/privater Schlüssel muß generiert werden und ein sogenanntes Software Publisher Certificate (SPC), quasi eine Art digitaler Ausweis, muß entgeltlich erworben werden.

Ein öffentlicher/privater Schlüssel besteht aus zwei asymmetrischen Schlüsselteilen. Ein Teil davon wird zum Verschlüsseln benötigt (privat), der zweite zum Entschlüsseln (öffentlich).

Um diese Schlüssel zu erhalten, muß sich der Hersteller bei einer Certificate Authority (CA) registrieren lassen. Verisign Inc. bietet z.b. diesen Service für 20$ jährlich (400$ im Falle einer Organisation) an.

Stößt ein Browser auf eine solche Signatur, so wird sie mit dem öffentlichen Schlüssel des Programmierers entschlüsselt und das Ergebnis mit einer zu berechnenden Prüfsumme verglichen. Stimmen beide Ergebnisse überein, so ist das Zertifikat gültig und wird angezeigt.

- **Schritt 3:**

Nun muß das erstellt CAB-File mit dem erworbenen Schlüssel codiert werden. Dazu benötigt man das Code Signing Developers Kit, was ebenfalls im Internet auf der Microsoft Homepage kostenlos zu finden ist.

- **Schritt 4:**

Das digital unterzeichnete CAB-File wird auf dem Webserver eingespielt und die dazugehörigen HTML-Files entsprechend geändert. Um das Applet in einem CAB-fähigen Browser einzubinden, muß im HTML-File noch ein zusätzlicher Parameter eingefügt werden, der dem Browser mitteilt, in welchem CAB-File das Applet zu finden ist. Dies geschieht z.B. in folgender Form:

```
<applet code=test.class width=600 height=200>
<param name="cabbase" value="testcab.cab">
</applet>
```

Ein Nachteil es, daß zur Zeit nur der Microsoft Internet Explorer diese Technologie unterstützt. Netscape plant voraussichtlich nicht, den Authenticode ebenfalls in ihre Produkte (Navigator, Communicator) einzubauen.

8.2.2   Zusammenfassung[29]:

Was man zum digitalen Unterzeichnen braucht	Wo man es bekommt
Cab Developers Kit	z.B. http://www.microsoft.com/mdsn/sdk
Code Signing Developers Kit	z.B. http://www.microsoft.com/mdsn/sdk
Software Publishers Certificate	z.B. http://www.verisign.com
public/private keypair	generiert sich automatisch, wenn man das SPC erwirbt

---

[29] Entnommen aus: Spreu & Weizen - Die Signatur-Initiative des WC3 (Schmeh), a.a.O

8.2 Einleitung JDBC:

JDBC (Java Database Connectivity) bezeichnet eine Reihe von Befehlen und Klassen (situiert im Package java.sql), mit denen eine Datenbankanbindung in Java realisiert werden kann. Genauer besehen handelt es sich hierbei also um eine Schnittstelle, die vom Aufbau und der Konzeption her der ODBC-Schnittstelle gar nicht mal so unähnlich ist, beide basieren auf dem X/Open SQL CLI (Call Level Interface).

Ein Java-Applet oder eine Java-Applikation ruft den JDBC-Treibermanager auf, welcher die unterschiedlichen Datenbanktreiber verwaltet, die letztendlich die Anbindung vornehmen.

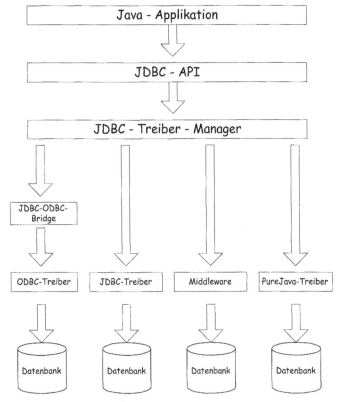

ABB. 8.A: ÜBERSICHT DER JDBC-SCHNITTSTELLE

8.3   Übersicht der unterschiedlichen Treibertypen[30] (im Hinblick auf deren Einsatz im WWW):

Die verfügbaren Treiber lassen sich in vier unterschiedliche Kategorien unterteilen:

8.3.1   JDBC - ODBC - Bridge (Two-Tier-Modell):

Bei der Verwendung dieser Brücke wird auf die ODBC-Schnittstelle der Client-Seite zurückgegriffen, d.h. dort muß ODBC zusammen mit den entsprechenden Datenbanktreibern installiert sein. Das Java-Applet greift dementsprechend via JDBC-ODBC-Bridge auf die Funktionen der clientseitigen ODBC-Schnittstelle zu, um mit der Datenbank zu interagieren.

Ein Vorteil hierbei ist, daß ein Zugriff auf sämtliche ODBC-fähige Datenbanksysteme möglich ist und daß auch Datenbanken verschiedener Hersteller gleichzeitig eingesetzt werden können. Zusätzlich erhöht sich die Netzwerk-Performance, da auf der Serverseite direkt auf die Datenbank zugegriffen wird.

Da Java-Applets aus Sicherheitsgründen aber innerhalb des sogenannten Sandbox-Modells ablaufen und daher nicht die Berechtigung haben, auf lokale DLLs zuzugreifen, eignet sich diese Methode eher zum Einsatz in geschlossenen Intranets. Kommerzielle Browser unterstützen diese Technik nur nach vorheriger Zertifizierung des Java-Applets.

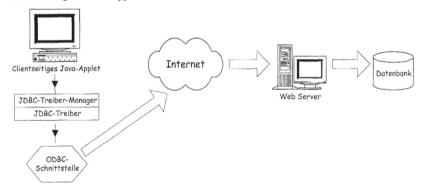

ABB. 8.B: DATENBANKANBINDUNG VIA JDBC-ODBC-BRIDGE

---

[30] Vgl. z.B. Artikel über JDBC-Treiber (http://splah.javasoft.com/jdbc/jdbc.drivers.html)

8.3.2   Proprietäre Datenbanktreiber (Two-Tier-Modell):

Ähnlich wie bei Punkt 2.1 handelt es sich auch hierbei um eine sogenannte 2-Tier-Lösung. Verwendet wird ein datenbankspezifischer proprietärer Treiber, mit dem die Anbindung zur Datenbank via JDBC vollzogen werden kann. Dieses Modell stellt ebenfalls keine reine Java-Lösung dar, die eingesetzten, meistens in C++ geschriebenen Treiber greifen auf DLLs des Datenbanksystems zurück, die auf der Clientseite vorhanden sein müssen.

Natürlich ist der Zugriff auf diese Art schneller als per JDBC-ODBC-Bridge, da nicht der "Umweg" über die ODBC-Schnittstelle genommen werden muß.

Möchte man auf verschiedene Datenbanksysteme zugreifen, müssen die entsprechenden JDBC-Treiber dafür vorhanden sein.

Auch diese Lösung kann im Internet nur nach vorheriger Zertifizierung eingesetzt werden.

8.3.3   Native - Protocol - Driver:

Hierbei handelt es sich um rein in Java geschriebene Treiber, welche von den Herstellern der verschiedenen Datenbanksysteme herausgegeben werden. Weder auf der Server- noch auf der Clientseite wird zusätzlicher nicht in Java geschriebener Code benötigt, es findet eine direkte Anbindung vom Java-Applet an die entsprechende Datenbank statt.

Auffällig ist hierbei, daß bei Punkt 8.3.1 bis 8.3.3 eine direkte Anbindung des Clients über das Internet an die Datenbank stattfindet, ohne daß serverseitige Software oder Schnittstellen zwischengeschaltet sind. Diese Anbindung bleibt für die Dauer der jeweiligen Sitzung bestehen, soweit keine Fehler auftreten.

8.3.4   Multi-Tier-Lösung, Middleware:

Hierbei wird auf sogenannte Middleware zurückgegriffen, d.h. auf Java-Programme, die auf der Serverseite liegen (z.B. sogenannte Servlets). Die JDBC-Befehle werden vom JDBC-Treibermanager direkt an diese Software weitergeleitet, welche dann die Anbindung auf der Serverseite vollzieht. Auf der Clientseite werden keine weiteren Voraussetzungen benötigt.

Der Middleware-Server greift über proprietäre Datenbanktreiber oder über die serverseitige ODBC-Schnittstelle auf die entsprechende Datenbank zu. So kann auch auf die Datenbanken verschiedener Hersteller gleichzeitig zugegriffen werden.

Möglich ist es ebenfalls, per HTML auf der Clientseite ein serverseitiges Java-Programm per CGI aufzurufen, welches die Anbindung vollzieht, die Anfrage durchführt und ein Ergebnis an den Browser zurückgibt.

Da hierbei kein lokaler Zugriff auf der Clientseite stattfindet, wird die Sicherheit des Anwenders gewährt; deshalb wird dieses Modell von sämtlichen Browsern unterstützt.

Es findet keine direkte Anbindung des Clients an die Datenbank statt. Es werden Befehle an den Server übermittelt, die eigentliche Logik und der Ablauf der Anfrage bleiben jedoch auf der Serverseite. Zurückgegeben wird lediglich ein Ergebnis in Form eines Resultsets, danach wird die Verbindung bis zum nächsten Befehl unterbrochen.

Vom Ablauf her erinnert dieses Modell an andere CGI-Lösungen wie z.B. den Borland Intrabuilder.

Nachteilig fällt ein Performance-Verlust durch den Einsatz der CGI-Middleware auf, zusätzlich wird der WebServer stärker belastet als beim Two-Tier-Modell.

Ein Vorteil ist dafür, daß ein zwischengeschaltetes Serverprogramm den Datenfluß steuern und verschiedene gleichzeitige Sitzungen verwalten kann.

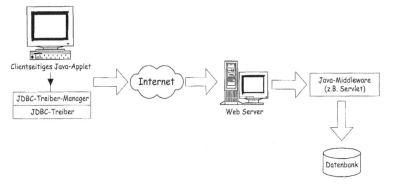

ABB.8. C: DATENBANKANBINDUNG ÜBER JDBC / MIDDLEWARE

8.4   Voraussetzungen:

Für den Betrieb im Inter- oder Intranet müssen folgende Voraussetzungen erfüllt,
bzw. folgende Software gestartet sein:

8.4.1   Voraussetzungen auf der Serverseite:

Hardware : beliebiger Servercomputer

Software:

Betriebssystem:	beliebig
Webserver:	beliebig
zusätzlich:	ODBC-Schnittstelle und entsprechende Treiber
	oder native/proprietäre Datenbanktreiber
	Sun JDK ab der Version 1.1.1 oder später

Datenbanken:	beliebige ODBC-Datenquelle
(JDBC-Treiber-	beliebige Datenbank
abhängig)	

8.4.2   Voraussetzungen auf der Clientseite:

Hardware: beliebiger Computer mit Internetanschluß

Software:	beliebiger javafähiger Webbrowser
	JDBC-Treiber-abhängig eventuell ODBC-Schnittstelle oder
	proprietäre DBMS-Unterstützung

8.5   Beschreibung der Struktur eines JDBC-Programms (Applet oder Applikation):

"Ein Javaprogramm baut zunächst eine Verbindung zur Datenbank auf, erstellt ein Statement-Objekt, gibt die SQL-Statements an die zugrundeliegende DBMS über das Statementobjekt weiter und holt sich die Ergebnisse und Informationen über die Ergebnis-Datensätze."[31]

Somit läuft eine typische vereinfachte Abfrage (hier unter Verwendung der JDBC-ODBC-Bridge) z.B. in folgenden Schritten ab:

* Datenbanktreiber laden

  ```
  Class.forName("sun.jdbc.odbc.JdbcOdbcDriver");
  ```

* **URL, Benutzername und Paßwort der DB zuweisen (per ODBC-Manager festgelegt)**

  ```
  string url = "jdbc:odbc:ODBC-Datenquellenname";
  string benutzer = "";
  string password = "";
  ```

* Verbindung zur Datenbank aufbauen

  ```
  Connection Ex1=DriverManager.getConnection(url,
  benutzer,password);
  ```

* **Erstellen eines Statement-Objektes**

  ```
  Statement S1 = Ex1.createStatement();
  ```

* **Ausführen eines SQL-Kommandos und Zuweisen des Ergebnisses**

  ```
  Resultset RS1 = S1.executeQuery("SELECT * FROM
  Tabelle");

  int i = S1.executeUpdate("INSERT INTO Tabelle VALUES (' ... ');
  ```

---

[31] Vgl. Alexander Newman, Special Edition Java S. 796

- **Auslesen der Ergebnisse**

```
Ergebnis1 = RS1.getString(1);
//* entspricht der ersten Spalte eines Datensatzes im
Resultsets
Ergebnis2 = RS1.getString("Spalte");
//* direktes Ansprechen einer Spalte eines
Datensatzes im Resultset  ·
```

Die Navigation findet sequentiell vorwärts statt (RS1.next();), d.h. das Resultset kann nur schrittweise ausgelesen werden. Ein Schritt zurück oder zu einer beliebigen Position kann nicht getan werden. Bookmarks, wie sie bei ODBC vorhanden sind, werden nicht unterstützt.

- **Schließen des Statements, des Resultsets und der Verbundung**

```
S1.close();
RS1.close();
Ex1.close();
```

Im Rahmen dieser Diplomarbeit konnte wegen des sogenannten Sandboxmodells[32] sowie der fehlenden Treiber und Zertifizierungsmöglichkeiten keine beispielhafte Datenbankanbindung in Form eines Applets erstellt werden. Im Anhang findet sich hingegen der recht einfache Code einer Applikation zum Auslesen der Wesermar-Datenbank unter Verwendung des JDBC-ODBC-Treibers. Dieses Programm kann nicht per Web Browser ausgeführt werden kann, sondern muß von der Standard-eingabe eines einzelnen PCs aus gestartet werden.

---

[32] Siehe auch Punkt 8.1

8.6   Transaktionen:

Transaktionsverarbeitung[33] ist in Java generell vorgesehen. Als Standardvorgabe ist `Autocommit` auf True gesetzt, d.h. jede Datenbankänderung wird automatisch fixiert. Wird `Autocommit` hingegen ausgeschaltet (`Connectionobjekt.setAutocommit(false)`), so kann per `Connectionobjekt.rollback()` die Transaktion zurückgenommen oder bei erfolgreicher Durchführung mit `Connectionobjekt.commit()` manuell fixiert werden.

8.7   Verwendung von Statements:

Um den Netzwerkverkehr bei einer Datenbankabfrage über das Internet möglichst gering zu halten, empfiehlt es sich, mit vorformulierten parametisierten Statements zu arbeiten. Diese werden beim Starten des Applets erstellt und an die Datenbank übermittelt. Dort wird der Ablaufplan optimiert und vorbereitet, während der Anwender seine Eingaben tätigt, welche dann anschließend als Parameter übergeben und in das Statement eingefügt werden. Diese Methode bietet sich z.B. an, wenn mehrere vom Aufbau her ähnliche Datenbankaktionen (z.B. eine Kette von Abfragen) vorgenommen werden sollen. Beim Beenden des Applets werden die Ablaufpläne verworfen.

- **Vorbereiten eines Prepared Statements (am Beispiel Wesermarsch)**

```
PrepSt   =   Ex1.prepareStatement("SELECT   *   FROM   Lernort   WHERE
L_ID=?");
```

- **Ausführen des Statements**

```
PrepSt.setLong(parameterindex, parameter);
ResultSet RS1 = PrepSt.executeQuery();
```

---

[33] Siehe auch Punkt 2.5

8.8   Beurteilung:

8.8.1   Vorteile:

☺   Java ist plattformunabhängig

☺   Unter Verwendung entsprechender Treiber kann eine direkte Datenbankanbindung stattfinden, d.h. sämtliche Logik wird auf den Client ausgelagert,
was   wiederum den Server entlastet

☺   Durch die beim Client installierte im Browser implementierte "Virtual
machine" sind clientseitig bereits die meisten zur Durchführung wichtigen
Klassen vorhanden, d.h. die über das Internet zu übermittelnden Java-Applets
können klein gehalten werden, was die Übertragungsgeschwindigkeit positiv
beeinflußt

8.8.2   Nachteile:

☹   Das strenge Sicherheitsmodell blockiert den Entwicklungsprozeß

☹   Die Einarbeitungszeit in die Sprache Java ist für C-unerfahrene Anwender
recht lang

8.8.3   Fazit:

Da die Sprache Java sich zur Zeit noch im Entwicklungsstadium befindet und
ständig Erweiterungen und Änderungen des Java Development Kits vollzogen
werden, läßt sich diese Möglichkeit der Datenbankanwendung im Rahmen dieser
Diplomarbeit zum jetzigen Zeitpunkt noch nicht umfassend beurteilen.

Diverse Anbieter (z.B. Microsoft) bemühen sich zur Zeit um proprietäre
Versionen dieser Sprache und pervertieren damit den Grundgedanken der Firma
Sun, mit Java eine einheitliche Sprache für Anwendungen im Internet zu schaffen.
Im Gegenzug dazu gründete sich die Initiative "100% Pure Java", der sich Her-
steller anschließen, welche reine Javaprogramme vertreiben bzw. dabei helfen,
den Java-Standard weiter voranzutreiben. So werden nun auch verstärkt
Middleware-Lösungen angeboten, die auf JDBC basieren, wie z.B. Borland
Datagateway.

9   Datenbankanbindung per JDBC-Middleware:

Als Beispielprogramm soll hierfür JDesignerPro von Bulletproof fungieren.

Es handelt sich dabei um ein komplett in Java geschriebenes Entwicklungssystem, welches aus dem JAGG-Server und dem Design-Modul besteht. Menügesteuert navigiert man bei der Applikationserstellung durch das Programm und kann per Drag- und Drop Komponenten (wie z.B. Label, Textfelder etc.) einbinden. Generiert wird Java-Code, der als Applet direkt in HTML-Seiten eingebunden werden kann und der teilweise (z.B. bei der Datenbankanbindung) auf mitgelieferten Java-Klassen basiert. Unterstützt wird serverseitig die SUN-JDK Technologie der Version 1.1.1., die Applikationen auf der Clientseite sind hingegen bereits JDK 1.0.2. kompatibel.

Insgesamt gesehen stellt dies also nicht nur ein System zur Anbindung relationaler Datenbanken dar, sondern eine RAD (Rapid Application Development)-Umgebung für Java-Applets.

Für diese Diplomarbeit wurde die Version 2.02 des JDesignerPro getestet.

9.1   Voraussetzungen:

Für den Betrieb im Inter- oder Intranet müssen folgende Voraussetzungen erfüllt, bzw. folgende Software gestartet sein:

9.1.1   Voraussetzungen auf der Serverseite:

Hardware - Windows:

empfohlen: Pentium 166 CPU, 32MB RAM

Hardware - Unix:

empfohlen: Sun SPARC Five oder Creator 3D oder ähnlich, 32MB RAM

Software:	
Betriebssystem:	Windows 95/NT
	Neueste Version von Solaris, Linux, AIX, HP/UX
Web Server:	beliebig
zusätzlich:	ODBC-Schnittstelle und entsprechende Treiber
	Sun JDK ab der Version 1.1.1 oder später
	JAGG Server
Datenbanken:	beliebige ODBC-Datenquelle

9.1.2 Voraussetzungen auf der Clientseite:

Hardware:	beliebiger Computer mit Internetanschluß

Software:	beliebiger javafähiger Web Browser

9.2   Installation:

Um das JDesignerPro-System zu installieren, müssen auf dem Server-Rechner der Web Server, eine ODBC-Schnittstelle mit entsprechenden Datenbanktreibern und das JDK (ab Version 1.1.1) vorhanden sein.

Bei der menügesteuerten Installation lassen sich nur die entsprechenden Pfade sowie der zu verwendende Web Server auswählen. Zusätzlich hat man noch die Möglichkeit festzulegen, ob die JDesignerpro-Applets über den JAGG-Server aufgerufen werden, welcher entsprechend beim Start des Web Servers ebenfalls gestartet und resident im Speicher bleiben würde oder ob man für jeden Aufruf der Anwendungen jeweils ein CGI-Programm starten möchte. Dieses empfiehlt sich, wenn man mit dem HTTPS-Sicherheitsprotokoll für verschlüsselte Übermittlungen arbeiten möchte.

Zusätzlich installiert sich automatisch ein umfangreiches Benutzerhandbuch im Word-Format.

Systemwichtige Daten werden in Form einer Datenbank im Foxpro-Format abgelegt und über ODBC während der Laufzeit des Programms eingebunden.

Ein Vorteil ist, daß nach einmaliger Installation auf dem WebServer die JDesignerPro-Entwicklungsumgebung von jeder Client-Plattform aus per Browser nach Eingabe der entsprechenden URL und eines Paßwortes gestartet werden kann. Dies ist günstig, wenn man z.B. in einem Intranet arbeitet und die JDP-Entwicklungsoberfläche auf verschiedenen Plattformen einsetzen möchte.

9.3 Beispielhafter Ablauf einer Anfrage:

Voraussetzung hierfür ist, daß neben dem Betriebssystem und dem Web Server auf dem Serverrechner auch der Jagg Server gestartet wurde.

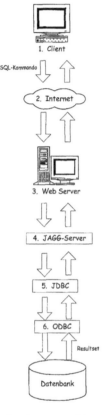

- Der Client (1) ruft auf seinem Rechner per Browser eine HTML-Seite auf, die ein mit dem JDesignerPro erstelltes Applet beinhaltet, welches z.B. die Daten einer Datenbank anzeigen soll. Das Applet wird auf der virtuellen Javamaschine des Clients gestartet und setzt einen Aufruf an den Server ab.

- Der Aufruf wird in die jeweiligen Netzprotokolle umgesetzt und über das Internet(2) geschickt.

- Der Web Server(3) leitet die Anfrage an den JAGG-Server(4) weiter.

- Der JAGG-Server wertet die Anfrage aus und nutzt die Datenbankschnittstelle JDBC(6) samt JDBC-ODBC-Bridge-Treiber[34] und somit auch die ODBC-Schnittstelle(7), um die Anbindung an die Datenbank letztendlich zu vollziehen.

ABB. 9.A: ABLAUFPLAN JDESIGNERPRO

- Je nach Anfrage wird ein entsprechendes Resultset erstellt, welches die Daten beinhaltet und über den JAGG-Server(4) an den Web Server(3) zurückgegeben.

---

[34] Siehe auch Punkt 8.3

- Der Web Server(3) wandelt den Code in die entsprechenden Netzprotokolle um und schickt ihn zurück über das Internet(2).

- Auf der Clientseite stellt das Java-Applet das empfangene Resultset nach den Vorgaben dar.

Der JAGG-Server kann ca. 10.000 gleichzeitig eingehende Anfragen bearbeiten.

9.4 Beschreibung der Entwicklungsoberfläche:

Auch hier wird der Benutzer schrittweise durch das Programm geführt. Es wird jeweils ein entsprechendes Fenster geöffnet, in dem die Eingaben getätigt werden. Mittels sogenannten Tabs (ähnlich einem Inhaltsverzeichnis) kann zwischen den verschiedenen Stufen geweschselt werden.

Zu Beginn des Programms muß sich der Anwender zwischen mehreren zur Verfügung stehenden Modulen entscheiden:

9.4.1 System Maintainance:

Unter diesem Programmpunkt kann das System individuell an den Benutzer ange-paßt werden. Es können z.B. Benutzerrechte vergeben werden, die Schriftgrößen gewählt werden etc..

9.4.2 Tools:

Unter diesem Programmpunkt gruppieren sich verschiedene Dienstprogramme.

9.4.3 Database Maintenance:

Dieses Modul erlaubt es, eine neue Datenbank zu erstellen, neue Tabellen einzufügen, Tabellenstrukturen zu ändern, Tabellen zu löschen etc.. Die Datensatzinhalte können hiermit allerdings nicht geändert werden und es können auch keine Abfragen oder ähnliches neu erstellt werden.

9.4.4 Source-Editor:

Hiermit lassen sich mit JdesignerPro erstellt Applets ändern und compilieren.

9.4.5 View Module:

Zeigt das Java-Applet an, wie es im Browser erscheint.

9.4.6 Application Builder:

Dieses Modul stellt eine graphische Entwicklungsoberfläche für Java-Applets dar. Mittels Drag&Drop können hierbei Textboxes, Checkboxes, Buttons etc. auf ein Formular gezogen, dort angeordnet und mit Funktionen versehen werden. Die einzelnen Elemente werden in Form einer Baumstruktur, geordnet nach den entsprechenden Java-Packages sowie JDesignerPro-Komponenten, angezeigt.

9.4.7 Screen Builder:

Mittels dieses Moduls kann schrittweise ein Java-Applet erstellt werden, welches auf eine bestehende Datenbank zugreift. Diese Datenbank muß zuvor über den ODBC-Manager registriert werden[35]. Anhand eines Beispiels sollen nun die Schritte zur Erstellung einer Datenbankanbindung geschildert werden. Das Ziel ist die einfache Anzeige der Tabelle "Lernort" aus der Datenbank "Wesermar" via Web Browser.

9.4.7.1 Projekt Manager:

An dieser Stelle wird der Projektname sowie eine Projektbeschreibung vergeben. Der Login-Name der das Projekt bearbeitenden Person wird ebenso registriert wie das Datum der letzten Änderung und der Status des Projektes (in progress, active, inactive). Raum für Notizen zum Projekt ist auch vorgesehen. Sämtliche Eingaben werden in der JDesignerPro-Systemdatenbank gespeichert und stehen so auch zu späteren Zeitpunkten zur Verfügung.

---

[35] Siehe auch Anhang B

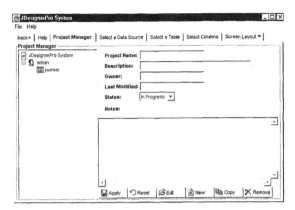

ABB. 9.B: JDESIGNERPRO PROJECTMANAGER SCREEN

Das Anwählen des "Edit"-Buttons startet die Projektbearbeitung und man gelangt zu folgender Eingabemaske:

9.4.7.2 Select a Datasource:

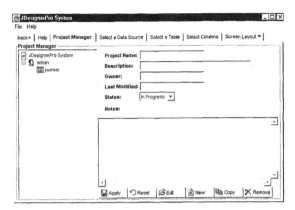

ABB. 9.C: JDESIGNERPRO "SELECT A DATASOURCE" SCREEN

Auf der linken Seite werden tabellarisch alle zum JDesignerPro-Systemstart registrierten ODBC-Quellen aufgeführt. Nach Auswahl der gewünschten Datenbank kann das Paßwort und der Username eingegeben werden. Wurde für die Datenbank kein Paßwort vereinbart, so können diese Felder leer bleiben.

Für das Beispiel wird der ODBC-Eintrag "Wesermar" gewählt.

Das Bestätigen des Connect-Buttons verbindet den Benutzer mit der Datenbank und öffnet das nächste Fenster.

9.4.7.3 Select a Table:

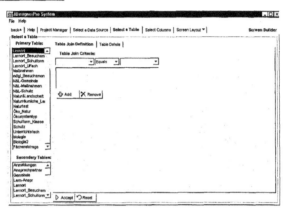

ABB. 9.D: JDESIGNERPRO "SELECT A TABLE" SCREEN

Hier kann festlegt werden, welche Tabellen der Datenbank man veröffentlichen möchte. Abfragen, Reports oder Formulare können allerdings nicht gewählt werden. Eine Haupttabelle sowie mehrere Nebentabellen können selektiert werden, wobei die Nebentabellen über einen Schlüssel mit der Haupttabelle verbunden werden müssen, die erforderlichen Joins werden ebenfalls in diesem Fenster erstellt. Man hat hierzu Auswahlfelder zur Verfügung, mit deren Hilfe die jeweiligen Schlüssel bestimmt werden (alle möglichen Spaltennamen der markierten Tabellen werden angezeigt) und mit denen ein Inner ("equals") oder Outer Join ("not equals") erstellt werden kann.

Für das Beispiel werden keine Joins benötigt und so wird nur die Tabelle "Lernort" ausgewählt.

Die Registerkarte "Table Details" zeigt weitere Eigenschaften der jeweiligen Tabelle an, so z.B. Pfad zur Datenbank, vergebener Alias, Bemerkungen etc..

Der „Accept"-Button öffnet die nächste Eingabemaske.

9.4.7.4 SelectColumns

ABB. 9.E: JDESIGNERPRO "SELECT A COLUMN" SCREEN

An dieser Stelle werden die zu veröffentlichenden Spalten ausgewählt. Sämtliche Möglichkeiten erscheinen tabellarisch übersichtlich im linken Fenster. Für das Beispiel wurden alle Spalten markiert.

Die Attribute der betreffenden Datensätze werden hierbei zur Kontrolle angezeigt. Als „Unique key for updates" wird in diesem Fall der Primärschlüssel der Tabelle "Lernorte" "L_ID" bestimmt.

Via „Accept"-Button gelangt man in die nächste Eingabemaske.

9.4.7.5 Screen Layout Section:

Nachdem mit den vorherigen Schritten die Anbindung zur Datenbank festgelegt wurde, folgt nun das Layout des Applets. Hierzu stehen vier verschiedene Möglichkeiten offen.

- Form Layout

  Darstellung der Daten datensatzweise als Formular

- Grid Layout

  Darstellung der Datensätze in der übersichtlichen Form einer Gitternetz-Tabelle

- Combo Layout

  Zeigt die Datensätze in einem Master/Detail-Screen an

- Report Layout

  Erstellt einen Bericht über die zugrundeliegenden Daten. Die für Datenbanken üblichen Berichtsoptionen wie z.B. Zusammenfassung, Summenfunktion etc. können zusätzlich eingefügt werden.

- Chart Layout

  Veröffentlicht numerische Daten in Form eines Diagramms

Die durchzuführenden Schritte sind bei allen Veröffentlichungsmöglichkeiten ähnlich und setzen sich wie folgt zusammen:

9.4.7.5.1 Add Search Panel:

Diese optionale Möglichkeit bietet sich an, wenn man dem Benutzer eine Auswahl der Datensätze nach bestimmten Suchkriterien ermöglichen möchte. Die zu durchsuchende Spalte wird hierzu angegeben, ebenso kann auf Wunsch eine Listbox mit den Auswahlmöglichkeiten jeweils aktuell erstellt werden.

9.4.7.5.2 Add Result List:

Wurde ein Search Panel eingefügt, so wird ein Ergebnisbaum im fertigen Formular generiert. Hier können nun verschiedene Optionen dazu eingetragen werden (z.B. Sortierreihenfolge).

9.4.7.5.3 Column Settings:

Wählt man diesen Programmpunkt, so erscheint folgendes Eingabefenster:

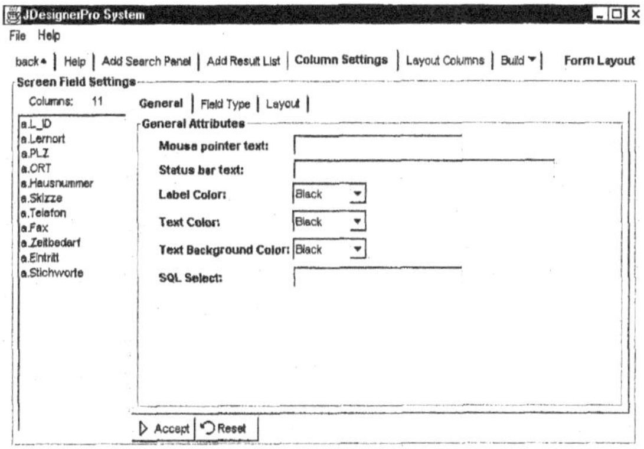

ABB. 9.F: JDESIGNERPRO COLUMNSETTING SCREEN

Hier können die verschiedenen Attribute der darzustellenden Spalten der Datensätze festgelegt werden. So z.b. der Text, der in der Statuszeile oder oberhalb des Mauszeigers erscheinen soll, wenn der Benutzer mit der Maus über das Feld fährt, die Text- und Hintergrundfarben der entsprechenden Felder und eine SQL-Formel, falls eine weitere Selektion gewünscht wird.

Im Menü „Field Type" können ferner die entsprechenden Feldtypen zur Darstellung des Datenbankinhalts eingesehen und angepaßt werden.

Es kann zwischen den drei Typen Textfeld, Auswahlfeld und Textzeile gewählt werden. Entsprechend der Auswahl erscheinen verschiedene Attribute, die nun verändert werden können, wie z.b. die Feldgröße, ob der Feldinhalt vom Benutzer verändert werden darf, ob ein Eintrag nötig ist oder der Default-Wert, falls ein Feld leer ist.

Zusätzlich gibt es noch das Layout-Menü, welches dem Benutzer ermöglicht, verschiedene Tabstops zur Ausrichtung der Felder zu formulieren.

9.4.7.5.4 Grid Settings:

Hier werden die entsprechenden Optionen für die Darstellung der Daten in einem Gitternetz festgelegt.

9.4.7.5.5 Layout:

An dieser Stelle wird das endgültige Aussehen eines Formulars, eines Gitternetzes, eines Reports etc. festgelegt. Je nach Typ bieten sich verschiedene spezifische Optionen. Labels werden auf Wunsch erstellt, vertikale und horizontale Scrollbars erscheinen automatisch, wenn das vorgegebene Format zu klein für die Daten ist.

9.4.7.5.6 Build:

Wurde das Aussehen der Abfrage festgelegt, so kann in diesem Menü noch entschieden werden, ob Buttons hinzugefügt werden für das Anfügen, Löschen oder Editieren der Datensätze.

Anschließend wird der Java-Source-Code automatisch erstellt und kann eingesehen werden.

9.5   Transaktionensverarbeitung und Statemangemant:

Transaktionen werden durch die entsprechenden Javabefehle[36] gesteuert.

---

[36] Siehe auch Punkt 2.6

9.6 Beurteilung:

9.6.1 Vorteile:

☺ Es liegt eine graphische Entwicklungsumgebung vor

☺ Auf einem Server eingesetzt, läßt sich die Entwicklungsumgebung über das Netz aufrufen

☺ Durch Anbindung via ODBC werden fast alle gängigen DBMS unterstützt

☺ Datenbanken können in beliebigen Verzeichnissen vorliegen

☺ Assistenten garantieren eine schnelle und unkomplizierte Datenbankanbindungen

☺ Der Quellcode kann clientseitig nicht direkt eingesehen werden

☺ Es werden diverse Webserver unterstützt

☺ Verschlüsselte Datenübertragung ist durch die Nutzung der CGI-Komponente des JAGG-Servers möglich

☺ Zugangssicherung wird durch bereits vordefinierte Loginformulare unterstützt

☺ Ein Debugger zur schrittweisen Kontrolle des Codes ist vorhanden

9.6.2 Nachteile:

☹ Neben SQL- und HTML-Kenntnissen müssen Java-Kenntnisse vorhanden sein

☹ Das System ist sehr speicherhungrig und auch mit der empfohlenen Konfiguration bei der Applet-Erstellung sehr langsam

☹ Die Zugriffszeit über das Web auf die Applets ist recht lang[37]

☹ Möchte man ein einmal fertig erstelltes Projekt in der gleichen Sitzung nachträglich ändern, hängt sich das System auf bzw. akzeptiert die Änderungen nicht

☹ Die Gestaltungselemente lassen sich per Drag&Drop nicht punktgenau auf die Page plazieren

---

[37] getestet wurde dies an einem Beispiel der Hersteller-Homepage (http://www.bulletproof.com)

9.6.3 Fazit:

Trotz der gut durchdachten Konzeption dieses Systems, ergeben sich doch kleinere Probleme bei der praktischen Ausführung. Obwohl es mit der empfohlenen Hardwareausstattung (auf einem Windows-NT-Server) getestet wurde, erschien der Vorgang der Appleterstellung dennoch unerträglich langsam. Mitgeliefert wird eine Anzahl neuer API-Klassen, mit denen eine direkte Programmierung des JAGG-Servers möglich ist, d.h. das System ist für den Anwender ausbaufähig.

Funktionen zur direkten Interaktion mit dem Anwender (z.B. die Möglichkeit, anhand eines Search Panels die gewünschten Datensätze zu selektieren, Datensätze hinzuzufügen, zu ändern etc.) werden zwar vorgegeben, die selbständige Programmierung bzw. Absicherung dieser Funktionen gestaltet sich jedoch relativ schwierig, umfassende Java-Kenntnisse sind hierzu erforderlich, so daß sich dieses Programm nicht unbedingt für Anfänger eignet.

Insgesamt gesehen konnte dieses Programm sowohl hinsichtlich der Anwendung als auch der Ergebnisse nicht überzeugen.

10   Schlußbetrachtung:

Bevor man eine Aussage treffen kann, welche der bestehenden Möglichkeiten der Datenbankanbindung ans Internet vollzogen werden soll, sind zunächst einmal die Gegebenheiten zu analysieren. Dabei sollten z.b. folgende Fragen geklärt werden:

- Welche Serverumgebung steht zur Verfügung?

  a)   Welches Betriebssystem wird eingesetzt?

  Ein Großteil der in dieser Diplomarbeit vorgestellten Möglichkeiten sowie der erhältlichen Programme basiert auf dem Einsatz von Windows-Servern.   Werden Unix-Server eingesetzt, so muß auf die Verwendung von Java   oder eine Scriptsprache wie z.B. Perl (unter Verwendung der MSQL-   Schnittstelle) zurückgegriffen werden.

  b)   Welcher Webserver wird verwendet?

  Viele Anbieter von Webservern stellen proprietäre Lösungen der Datenbankanbindung kostenlos zur Verfügung (z.B. Livewire, ASP, IDC). Da diese auf der API des Serverprogrammes basieren, ist eine schnelle Abarbeitung der Anfragen meistens garantiert.

  Flexibler sind hingegen Lösungen, die auf unterschiedlichen Servern lauffähig sind wie z.B. Intrabuilder und JDesignerPro. Da es sich hierbei um Programme handelt, die zur Serverlaufzeit resident im Speicher vorhanden sind, ist auch hier die Reaktionszeit auf Anfragen relativ gering.

- Welches Datenbanksystem liegt zugrunde? Wird ein Datenbank- oder Transaktionsserver eingesetzt?

  Die meisten der vorhandenen Möglichkeiten führen die Datenbankanbindung über die ODBC-Schnittstelle durch, d.h. Kompabilitätsprobleme sind selten gegeben. ODBC-Treiber für Datenbank- und Transaktionsserver sind in den meisten Fällen vorhanden.

  Bei den proprietären Systemen kommen native DB-Treiber der hauseigenen Systeme zum Einsatz, was sich positiv auf die Geschwindigkeit der Abarbeitung auswirkt.

Wird viel mit Borland-Datenbanken (DBase, Paradox) gearbeitet, so empfiehlt sich der Einsatz des Intrabuilders. Werden hingegen überwiegend Access-Datenbanken eingesetzt, so sind die ASP empfehlenswerter.

- Mit wievielen gleichzeitigen Zugriffen ist zu rechnen?

Hierbei handelt es sich eher um ein servertechnisches Problem. Hinsichtlich der Datenbankanbindung sollte nur überlegt werden, ob bei einer hohen Anfragenzahl eventuell zusätzlich auf Datenbankserversysteme wie z.b. den MS-SQL-Server oder auf verteilte Transaktionsserver zurückgegriffen werden sollte.

Auch sollte bei der eingesetzten Software ein vernünftiges State- und Sessionmanagement zugrundegelegt werden, wie dies z.b. bei den ASP oder dem Intrabuilder der Fall ist. Voraussetzung hierfür ist die Existenz eines sogenannten Multi-Tier-Systems, d.h. einer sowohl auf Client als auch auf Server verteilten Logik.

- Sollten die Daten statisch oder dynamisch veröffentlicht werden?

Bei einer statischen HTML-Seite können die Daten nur eingesehen, nicht aber geändert werden. Ferner ist zu überlegen, ob dem Anwender die Möglichkeit der umfangreichen Datenselektion gegeben werden soll oder nicht und ob es ausreicht, die Seite z.B. nur einmal täglich zu aktualisieren. Auch die Größe des Datenbestandes ist in Erwägung zu ziehen.

Handelt es sich nur um einen relativ kleinen übersichtlichen Datenbestand (z.B. Artikellisten, Gastgeberverzeichnis eines Ortes), so könnte es eventuell ausreichen, auf statische Methoden zurückzugreifen. Hinsichtlich bekannter Kriterien könnte eine Vorauswahl erfolgen (z.B. alphabetisch, innerhalb gewisser Preisgrenzen etc.) und die Daten auf mehreren Pages abgelegt werden, die der Anwender individuell wählen kann.

- Sollen nur textbezogene Datenbankinhalte dargestellt werden oder z.b. auch
  Bilder?

Von allen getesteten kommerziellen Programmen zur Datenbankanbindung war
nur der Intrabuilder imstande, in der Binärform in einer Datenbank abgelegte
Bilder anzuzeigen.

Programmiert man eigenhändig eine Schnittstelle in Visual Basic oder Java, so
kann dieses Problem umgangen werden.

Eine andere Möglichkeit, die alle getesteten Programme bewältigten, wäre es
hingegen, die Namen der Bilder in der DB abzuspeichern und die zugehörigen
Dateien separat abzulegen, so daß die Graphiken zur Laufzeit eingebunden
werden können.

- Wie umfangreich ist der Datenbestand?

Die Menge der zugrundeliegenden Datensätze wirkt sich bei Anfragen natürlich
negativ auf die Bearbeitungsgeschwindigkeit aus. Hier wäre eventuell zu überlegen, mit vorbereiteten Abfragen zu arbeiten, um die Datenmengen so einzu-
grenzen.

- Welche Sicherheitsbeschränkungen sollen gelten?

Sollen nur bestimmte Nutzer zugelassen werden, so bietet es sich an, Login-
Formulare zu programmieren. Zusätzlich läßt sich die IP-Nummer des Anwenders feststellen und könnte so als zusätzliche Kontrolle gelten, z.b. bei der Eingabe von Daten.

- Wie hoch ist der Entwicklungsaufwand für die betreffenden Webpages?

Je nach Komplexität der eingesetzten Pages variiert dies natürlich sowohl von
System zu System als auch innerhalb des Systemes selber. Mit dem
Intrabuilder lassen sich z.b. schnell und unkompliziert Formulare erstellen.
Sollen diese umfangreichere Datenbankaktionen durchführen, steigt
dementsprechend der Programmieraufwand. Im Prinzip trifft dies auf alle
getesteten Programme zu.

- Wird Wert gelegt auf eine graphische Entwicklungsumgebung, in der die Elemente per Drag&Drop plaziert werden können?

Während bei Verwendung des Intrabuilder Designers die Gestaltungselemente punktgenau plaziert werden können, kann beim JDesignerPro nur die Ausrichtung der Elemente (Norden, Osten, Süden, Westen, Mitte) festgelegt werden. Die anderen getesteten Programme weisen keine graphische Entwicklungsumgebung auf.

- Kann bei der Entwicklung zusätzlich auf weitere Systeme zurückgegriffen werden?

Erstellt man z.b. ASP oder IDC-Pages, Formulare oder weitere auf HTML aufbauenden Seiten, so können natürlich handelsübliche HTML-Editoren wie z.B. Frontpage oder Hot Dog im Vorfeld eingesetzt werden. Die entsprechenden Script-Ergänzungen oder auch ein JDesignerPro-Applet lassen sich nachträglich hinzufügen.

Intrabuilder-Formulare bestehen hingegen komplett aus Javascript und müssen zur Zeit noch mit dem Intrabuilder-Designer oder in einem normalen Texteditor bearbeitet werden.

10.1 Ausblick:

Während zum jetzigen Zeitpunkt noch ein Großteil der kommerziell erhältlichen Systeme auf dem Prinzip der dynamischen Generierung von Webpages basiert, weist der Trend spürbar auf den verstärkten Einsatz der Programmiersprache Java bzw. der Schnittstelle JDBC hin. Verschiedene Anbieter offerieren zur Zeit leistungsstarke Middleware-Programme, so z.B. Borland Datagateway, welches allerdings keine graphische Benutzeroberfläche aufweist, sondern nur als weitere Schnittstelle für den Datenverkehr fungiert und dabei zusätzliche DB-Treiber zur Verfügung stellt.

10.2 Die getesteten Programme im Überblick:

Produkt	Web Data	IDC	ASP	Intrabuilder	JDesignerPro	Visual Basic	JDBC
Anbieter	Corel	Microsoft	Microsoft	Borland	Bulletproof	-	-
Preis	Bestandteil des Paketes Corelweb: 295$	kostenlos	kostenlos	Standard: 99,95 $ Prof.: 499,95 $ C/S: 1995,00 $	695 $	-	JDK kostenlos
URL	http://www.corel.com	http://www.microsoft.com	http://www.microsoft.com	http://www.borland.com	http://www.bulletproof.com	-	http://java.sun.com
Plattformen	Windows 95/NT	Windows NT	Windows NT	Windows 95/NT	Windows 95/NT, Unix	Windows 95/NT	Windows 95/NT, Unix, Mac
Webserver	beliebig	IIS	IIS	IIS, PWS, BWS, O'Reilley, Fasttrack	beliebig	Win-CGI-fähiger Server	beliebig
Dokumentation	☺	☺	☺	☺	☺	-	☺
Beispiele	-	☺	☺	☺	-	-	-
Oberfläche							
GUI	-	-	-	☺	☺	n/a	n/a
Menüsteuerung, Wizard	☺	-	-	☺	☺	n/a	n/a
Debugging	-	-	-	-	☺	n/a	n/a

Produkt / Anbindung	Web Data	IDC	ASP	Intrabuilder	JDesignerPro	Visual Basic	JDBC
ODBC-Support	☺	☺	☺	☺	☺	☺	☺
JDBC-Support	-	-	-	-	☺	-	☺
native DB-Treiber	MS-Access, Dbase, Paradox, FoxPro, Lotus	MS-Access	MS-Access	Dbase, Paradox	-	MS-Access	-
speicherresidentes CGI-Programm	-	-	-	☺	☺	-	bei Ausführung über Middleware ja, ansonsten nein
Zugriff über API	-	ISAPI	ISAPI	-	-	-	-
direkte Anbindung	-	-	-	-	☺	-	☺
Programmierung							
Output	HTML-Datei	HTX-Datei, IDC-Datei	ASP-Datei	JFM-Datei, JRP-Datei	Java-Applet	EXE-File	Java-Applet
unterstützte Sprachen	HTML	HTML, VBScript	HTML, VBScript, Jscript, Javascript	HTML, Javascript	Java (eingebunden in HTML)	Visual Basic (HTML-Output)	Java (eingebunden in HTML)

Fachhochschule Wilhelmshaven

- Fachbereich Wirtschaft -

Diplomarbeit

im Rahmen der Abschlußprüfung

an der Fachhochschule Wilhelmshaven

zum Thema

Untersuchung von Möglichkeiten und Softwareprodukten zur Anbindung relationaler Datenbanksysteme an WWW-Anwendungen

dungen

Band II - Anhang

Referent: Prof. Dr. U. Weithöner

Korreferent: Prof. A. Wulff

Vorgelegt von: Rebecca Romppel

                   Soesterstr. 64

                   28277 Bremen

Matrikelnummer: 457063

November 1997

INHALTSVERZEICHNIS DES ANHANGS:

ABBILDUNGSVERZEICHNIS DES ANHANGS:

Anhang A: Zugrundeliegende Tabellen:

Für die Beispiele dieser Diplomarbeit wurden zwei verschiedene Datenbänke verwendet:

* Beiträge.DB

  Hierbei handelt es sich um eine Datenbank des Formates Paradox 4.5. Sie besteht aus nur einer Tabelle, welche eine Auflistung sämtlicher Beiträge eines Literaturmagazins inklusive zugehöriger Eigenschaften wie z.b. Art des Beitrags, Zeitpunkt der Einsendung etc. darstellt..

Nummer ⚷	numerisch
Name	**alphanumerisch (30)**
Art	**alphanumerisch (30)**
Autor	**alphanumerisch (30)**
Seiten	**single**
Speichername	**alphanumerisch (12)**
Layout	**alphanumerisch (4)**
	nur ja/nein möglich
Verantwortlich	**alphanumerisch (30)**
Bemerkungen	**alphanumerisch (30)**
Eingesandt zu	**single**
NB	
Verwendet	**alphanumerisch (5)**
	nur nein oder NB + Nummer möglich (z.B.
	NB 11)

---

[1] ⚷= Primärschlüssel

- Wesermarsch.mdb

  Diese im MS-Access-Format vorliegende Datenbank stellt die Grunddatenbank
  eines Umweltinformationssystems dar. Für die Beispiele wurden nur 5
  der enthaltenen Tabellen ausgewählt:

  - Lernort

    Diese Tabelle beinhaltet die Daten verschiedener Orte, die von
    Schulklassen im Rahmen des Unterrichts besucht werden können.

L_ID ✔	Automatische Nummerierung
Lernort	**String**
PLZ	**String**
ORT	**String**
Straße	**String**
Hausnummer	**String**
Skizze	**OLE-Objekt**
Telefon	**String**
Fax	**String**
Zeitbedarf	**String**
Öffnungszeiten	**Memo**
Eintritt	**Memo**
Stichworte	**Memo**

  - Unterrichtsfächer

    Definiert die unterschiedlichen Unterrichtsfächer.

U_ID ✔	Automatische Nummerierung
Unterrichtsfach	**String**

- Lernort_Ufach

  Ordnet den Lernorten die entsprechenden Unterrichtsfächer zu.

L_ID ⚷	Integer
U_ID ⚷	**Integer**

- Anmeldungen

  Beinhaltet die Anmeldungen der Besucher bei den jeweiligen Lernorten.

L_ID ⚷	Integer
Termin	**Text**
Name	**Text**
Nummer	**Integer**

- Naturräumliche_Landschaftseinheit

  Hier finden sich Datensätze zur Kategorisierung verschiedener Landschaftseinheiten.

N_ID ⚷	Automatische Nummerierung
Naturräumliche_ Landschaftseinheit	**String**
Beschreibung	**Memo**
Photographie	**OLE-Objekt**
P_Bezeichnung (Photo)	**String**
Skizze	**OLE-Objekt**
S_Bezeichnung (Skizze)	**String**

Anhang B: Registrieren der MS-Access-Beispieldatenbank:

Um die Access-Datenbank Wesermarsch mit den vorgestellten Programmen zu verwenden, muß sie als ODBC-Systemdatenquelle definiert sein. Um sie mit dem Programm Intrabuilder zu verwenden, muß sie **zusätzlich** bei der Borland Database Engine registriert werden. In diesem Anhang soll nun schrittweise die Vorgehensweise der Registrierung dargestellt werden.

B.a   Registrierung der Datenbank als ODBC-Datenquelle

Zum Konfigurieren der Datenquelle muß zunächst das ODBC-Administrator-Programm gestartet und die Registerkarte "System-DSN" ausgewählt werden. Durch den Button "Hinzufügen" wird eine neue Quelle des gewünschten Treibertyps (in diesem Fall Access-Treiber(*.mdb)) angefordert. Das Programm öffnet daraufhin ein DBMS-spezifisches Fenster, in dem der Name der Datenquelle, der Pfad zur Datenbank, Passwort, Nutzername etc. eingetragen werden können.

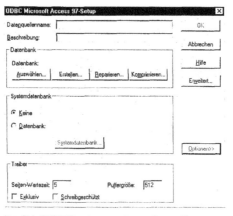

ABB. B.1: ODBC-REGISTRIERUNG EINER ACCESS-DATENBANK

In diesem Fall muß nur der ODBC-Datenquellenname (Wesermar) eingetragen werden sowie der Pfad zur Datenbank (via "Auswählen"-Button).

Anschließend wird die Quelle registriert und kann von nun an von Programmen mit dem vergebenen Namen angesprochen werden.

B.b   Registrierung der Datenbank als BDE-Datenquelle

Auch hier muß zunächst das Konfigurationsprogramm der BDE gestartet werden. Durch den Button "New ODBC_Driver" wird eine Verbindung zu einer ODBC-

Datenquelle definiert. Das Dialogfenster „Add new ODBC-Driver" wird
angezeigt.

ABB. B.2: BDE - "ADD ODBC DRIVER" - SCREEN

In dem Textfeld „SQL Link Driver" wird in diesem Fall Wesermar (=zukünftige
BDE-Kennung der Datenbank) eingetragen. Als „Default ODBC Driver" wird der
MS-Access-Treiber gewählt, als „Default Data Source Name" ebenfalls
Wesermar.
Nach dem Bestätigen des "OK"-Buttons wird der Treiber unter dem Namen
ODBC_Wesermar angezeigt.

Zusätzlich muß ein Alias für diesen Treiber erstellt
werden, dies geschieht auf der Registerkarte Alias per
„New Alias"-Button. Als Namen wird Wesermar
(=zukünftiger BDE-Datenquellenname) eingetragen,
als Typ ODBC_Wesermar.

ABB. B.3: BDE-"ADD NEW ALIAS" SCREEN

Nach Bestätigen des "OK"-Buttons wird der neue Alias angezeigt.
Einige der im rechten Fenster angezeigten Parameter müssen ebenfalls angepaßt
werden, so muß z.B. in diesem Fall der Eintrag „Langdriver" "WEurope 'ANSI'"
lauten.

Abschließend wird die Konfiguration gespeichert und die BDE-Datenquelle Wesermar steht dem Intrabuilder-Programm zur Verfügung.

Anhang C: Beispiel einer statischen HTML-Seite automatisch ge-
neriert per Corel Web Data:

Beispieldatenbank: Wesermar.mdb

Zugrundeliegende Tabelle: Lernort

SQL-Abfrage: SELECT Lernort FROM Lernort a, Lernort_UFach b,

                             Unterrichtsfächer c WHERE a.l_ID=b.l_ID AND

                             b.U_ID=c.U_ID AND c.Unterrichtsfach LIKE

                             'Biologie' OR c.Unterrichtsfach LIKE 'alle'

Speichername: wmcorel.htm

```
<TABLE BORDER>
<TR><TH>Lernort<TH>PLZ<TH>Ort<TH>Stra&szlig;e<TH>Hausnummer<TH>Tel
efon<TH>Fax<TH>Zeitbedarf<TH>&Ouml;ffnungszeiten<TH>Eintritt<TH>St
ichworte<TH>Unterrichtsfach

<TR><TD>Gellener Torfm&ouml;&ouml;rte<TD><TD>siehe
Skizze<TD><TD><TD> <TD>3 Stunden<TD><TD> Hochmoorentsteh
ung, Jahreszeitlicher Rhythmus, Erhaltung von Restmooren, Hochmoor
/ Niedermoor.<TD>Biologie

<TR><TD>Brake- Oldenburgisch Ostfriesischer Wasserverband <TD>
26919<TD>Brake <TD>Georg-Stra&szlig;e<TD>4<TD> 04401/16-0<TD>3
Stunden<TD><TD> Trinkwasser, Lebensmittel Nr.1, Gewinnung und
Aufbereitung von Trinkwasser<TD>Biologie

<TR><TD>Hude - Reiterholz Wald/Moor<TD>27798<TD>Hude Staatl.
Revierf&ouml;rsterei Reiherholz<TD>Lehmweg<TD> 2<TD><TD>3-6
Stunden<TD><TD>Lebensgemeinschaft Wald<TD>Biologie

<TR><TD>Berne - Warflether Sand<TD>27804<TD>Berne (Naturschutzbeh
&ouml;rde)<TD>Am Breithof<TD><TD> <TD>je nach Vorhaben<TD><TD>
<TD>Der Warflether Sand ist ein Landschaftsschutzgebiet (nicht be
festigtes, sandi ges Weserufer), Vorkommen vieler Schmetterlingsar
ten(R. Bosma), Erkundung von Bodenprofilen, Alte Weserarme, Kon
flikt zwischen Landschaftsschutzgebiet und gewerblicher Nutzung
wie auch Freizeitaktivit&auml;ten (Reiter,
Wassersportler)<TD>Biologie

<TR><TD>Watt und Salzwiesen<TD><TD><TD><TD><TD><TD><TD>
<TD> Wattwanderungen sollten nicht ohne Wattf&uuml;hrer unter
nommen werden. Anmeldungen f&uuml;r Wattwanderungen speziell mit
```

Schulklassen werden u.a. von Hans-Gerd Gerdes oder Peter Not

telmann entgegengenommen.<TD>alle

<TR><TD>Brake Weserinsel Harriersand<TD><TD>Stadt

Brake<TD><TD><TD><TD>je nach Vorhaben<TD><TD><TD>

Personenfähre "Guntsiet" verkehrt von April bis

Oktober: Die Fährzeiten bis zum 30. Ap ril sind täglich

um 9, 11, 14, 16.30 und 18 Uhr sowie sonnabends und sonntags auch

noch um 13 Uhr. Vom 1. Mai bis 28. August fährt die

"Guntsiet " um 8, 9, 10, 11.30, 13, 14, 15, 16, 17,

18.15 und 20 Uhr. Sonn- und Feiertags entfällt die Fahrt um 8

Uhr.<TD>alle

<TR><TD>Station Umwelterziehung Iffens<TD>26969<TD>Butjadin

gen<TD><TD><TD><TD><TD>je nach Vorhaben<TD><TD> <TD>Öko

führerschein kann erarbeitet werden, Seminartermine an

Wochenenden oder in den Ferien, <TD>alle

</TABLE>

<P>This file has been generated by CorelWEB.DATA</P>

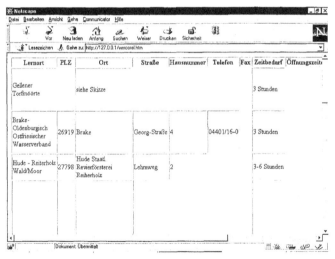

ABB. C.1: HTML-PAGE WMCOREL.HTM SCREEN

Anhang D: Datenbankanbindung per Internet Database Connector (IDC):

D.a   Einfache Abfrage der Datenbank:

Beispieldatenbank: Wesermar.mdb

Zugrundeliegende Tabelle: Lernort

SQL-Abfrage: SELECT * FROM Lernort;

D.a.a   Weser.idc:

```
Datasource: Wesermar
Template: weser.htx
SQLStatement: +SELECT Lernort from Wesermar.Lernort
```

D.a.b   Weser.htx:

```
<HTML>
<BODY>
<table>
 <%begindetail%>
 <tr><td>
   <%Lernort%>
 </td></tr>
 <%enddetail%>
</table>
</BODY>
</HTML>
```

D.b   Parametisierte Datenbankabfrage:

Beispieldatenbank: Wesermarsch.mdb

Zugrundeliegende Tabellen: Lernort, Lernort_UFach, Unterrichtsfächer

SQL-Abfrage: SELECT Lernort FROM Lernort a, Lernort_UFach b,

Unterrichtsfächer c WHERE a.L_ID=b.L_ID AND b.

U_ID=c.U_ID AND c.Unterrichtsfach LIKE '%Fach%'

Bei diesem Beispiel hat der Anwender die Möglichkeit, interaktiv per vorgeschaltetem Formular ein gewünschtes Unterrichtsfach auszuwählen. Angezeigt werden daraufhin nur die Lernorte, die eben jenem Fach oder aber allen Fächern entsprechen.

D.b.a   Weserparam.htm:

```
<html>
<body>
<h1> IDC - Beispiel Datenbankabfrage Wesermarsch </h1>
<form action="weser2.idc?" method=post>
<table>
<tr><td>Unterrichtsfach: </td><td><select name=Fach>
<option>n/a
<option>alle
<option>Sachunterricht
<option>WUK
<option>Erdkunde
<option>Biologie
<option>GSW
<option>Fachunterricht BBS
<option>Geschichte
<option>Sozialkunde
<option>Arbeitslehre
<option>Physik
<option>Chemie
<option>Arbeit/Wirtschaft
<option>Technik
<option>Theorie/Praxis Versorgung
<option>Mathematik
<option>Umwelterziehung
<option>Fachunterricht Agrarwirtschaft
<option>Fachschule f. Seeschiffahrt
</select></td></tr>
</table>
<br>
<br>
<input type=submit value="Abfrage starten">
</form>
</body>
```

```
</html>
```

D.b.b Weser2.idc:

```
Datasource: Wesermar
Template: weser.htx
SQLStatement:
+SELECT Lernort from Lernort a, Lernort_UFach b, Unterrichtsfächer
c WHERE a.L_ID=b.L_ID AND b.U_ID=c.U_ID AND c.Unterrichtsfach LIKE
'%Fach%'
```

D.b.c Weser.htx:

siehe oben

Anhang E: Datenbankanbindung per Active Server Pages (ASP):

E.a   Parametisierte Abfrage der Datenbank:

Beispieldatenbank: Wesermar.mdb

Zugrundeliegende Tabellen: Lernort, Lernort_UFach, Unterrichtsfächer

Bei diesem Beispiel hat der Anwender die Möglichkeit, interaktiv per vorgeschaltetem Formular Unterrichsfach, Ort, PLZ und/oder Lernort zu selektieren. Angezeigt werden daraufhin die entsprechenden Lernorte.

E.a.a   Weser2.htm - Vorgeschaltetes HTML-Formular:

```
<html>
<body>
<h1> ASP - Beispiel Datenbankabfrage Wesermarsch </h1>
<form action="weser2.asp" method=post>
<table>
<tr><td>Lernort:</td><td><input type=text name=Lernort
width=30></td></tr>
<tr><td>PLZ:</td><td><input type=text name=PLZ width=30></td></tr>
<tr><td>Ort:</td><td><input type=text name=Ort width=30></td></tr>
<tr><td>Unterrichtsfach:</td><td><select name=Fach>
<option>n/a
<option>alle
<option>Sachunterricht
<option>WUK
<option>Erdkunde
<option>Biologie
<option>GSW
<option>Fachunterricht BBS
<option>Geschichte
<option>Sozialkunde
<option>Arbeitslehre
<option>Physik
<option>Chemie
<option>Arbeit/Wirtschaft
<option>Technik
<option>Theorie/Praxis Versorgung
```

```
<option>Mathematik
<option>Umwelterziehung
<option>Fachunterricht Agrarwirtschaft
<option>Fachschule f. Seeschiffahrt
</select></td></tr>
</table>
<br>
<br>
<input type=submit value="Abfrage starten">
</form>
</body>
</html>
```

ABB. E.1:HTML-FORMULAR WESER2.HTM SCREEN

E.a.b Weser2.asp - Formular zur Durchführung der Abfrage und Ergebnisdarstellung:

```
<%@ LANGUAGE = VBScript %>
<HTML>
<HEAD>
<TITLE>Wesermarsch  - ASP</TITLE>
</HEAD>
<BODY>
<FORM ACTION="/weser/weser2.asp" METHOD=POST>
<%
    /* Zuweisen der Abfragedaten aus dem HTML-Formular */
    Lernort=Request.form("Lernort")
    Ort=Request.form("Ort")
    PLZ=Request.form("PLZ")
```

```
Fach=Request.form("Fach")
```

/* *Vorbereiten des SQL-Kommandos sq*

   Wenn keine Abfrage nach Unterrichtsfächern gewünscht, grundsätzlich

   alle Datensätze ansprechen, ansonsten nur die fächerspezifischen und die,

   die für alle Fächer geeignet sind */

```
if Fach="n/a" THEN
    sq="SELECT * FROM Lernort a WHERE a.L_ID <> 0"
else
sq="SELECT * FROM Lernort a, Lernort_UFach b,
Unterrichtsfächer c WHERE a.L_ID=b.L_ID AND      b.U_ID=c.U_ID
AND (c.Unterrichtsfach LIKE '"     + Fach +"' OR
c.Unterrichtsfach LIKE 'alle')"
```

/* *Ergänzen des SQL-Kommandos um die selektierten Eigenschaften, sofern*
Einträge vorhanden */

```
if Ort<>"" Then sq=sq+" AND a.ORT LIKE '"+Ort+"'"
if PLZ<>"" Then sq=sq+" AND a.PLZ LIKE '"+PLZ+"'"
if Lernort<>"" Then sq=sq+" AND a.Lernort LIKE
'"+Lernort+"'"
```

/* *Erstellen des Verbindungsobjektes* */

```
Set OBJdbConnection =
Server.CreateObject("ADODB.Connection")
```

/* *Öffnen der Verbindung* */

```
OBJdbConnection.Open "Wesermar"
```

/* *Durchführen der SQL-Abfrage. Rückgabe eines Resultsets* */

```
Set RSLO = OBJdbConnection.Execute(sq)
%>
```

```
<!-- Tabellenüberschriften -->
<TABLE COLSPAN=8 CELLPADDING=5 BORDER=0>
<TR>
<TD ALIGN=CENTER BGCOLOR="#800000">
<FONT STYLE="ARIAL NARROW" COLOR="#ffffff" SIZE=1>Lernort
Name</FONT>
</TD>
<TD ALIGN=CENTER BGCOLOR="#800000">
```

```
<FONT STYLE="ARIAL NARROW" COLOR="#ffffff" SIZE=1>Ort<FONT>
</TD>
<TD ALIGN=CENTER BGCOLOR="#800000">
<FONT STYLE="ARIAL NARROW" COLOR="#ffffff" SIZE=1>PLZ</FONT>
</TD>
<TD ALIGN=CENTER BGCOLOR="#800000">
<FONT STYLE="ARIAL NARROW" COLOR="#ffffff" SIZE=1>Straße</FONT>
</TD>
```
<!-- Anzeigen der Überschrift Unterrichtsfach nur, wenn vorhanden bzw. relevant-->
```
<% if Fach <> "n/a" then %>
<TD ALIGN=CENTER BGCOLOR="#800000">
<FONT STYLE="ARIAL NARROW" COLOR="#ffffff"
SIZE=1>Unterrichtsfach</FONT>
</TD>
<% end if %>
</TR>
```

<!-- Auswerten des Resultsets, Darstellen jeweils eines Datensatzes pro Tabellenreihe,
Ansprechen der einzelnen Elemente eines Datensatzes per Spaltenname -->
```
<% Do While Not RSLO.EOF %>
    <TR>
    <TD BGCOLOR="f7efde" ALIGN=CENTER>
      <FONT STYLE="ARIAL NARROW" SIZE=1>
        <%= RSLO("Lernort")%>
      </FONT></TD>
    <TD BGCOLOR="f7efde" ALIGN=CENTER>
      <FONT STYLE="ARIAL NARROW" SIZE=1>
        <%= RSLO("Ort") %>
      </FONT></TD>
    <TD BGCOLOR="f7efde" ALIGN=CENTER>
      <FONT STYLE="ARIAL NARROW" SIZE=1>
        <%= RSLO("PLZ")%>
      </A></FONT></TD>
    <TD BGCOLOR="f7efde" ALIGN=CENTER>
      <FONT STYLE="ARIAL NARROW" SIZE=1>
        <%= RSLO("Straße")%>
      </FONT></TD>
```

<!--Wenn kein Fach gewählt wurde, Spalte Unterrichtsfach nicht anzeigen -->
```
<% if Fach <> "n/a" then %>
```

```
<TD BGCOLOR="f7efde" ALIGN=CENTER>
  <FONT STYLE="ARIAL NARROW" SIZE=1>
    <% = RSLO("Unterrichtsfach")%>
  </FONT></TD>
  <% end if %>
</TR>


<%
    /* Verzweigen zum nächsten Datensatz bis zum Ende des Resultsets */
    RSLO.MoveNext
    Loop
%>
</TABLE></TD></TR>
</FONT>
</TABLE>
</BODY>
</HTML>
```

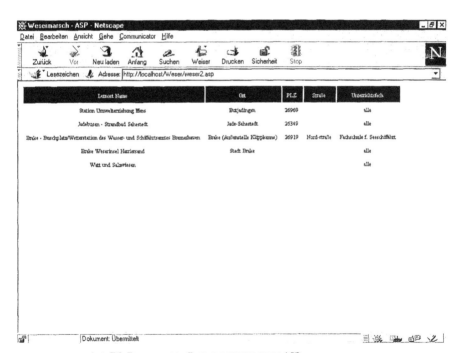

ABB. E.2: ERGEBNIS EINER DATENBANKABFRAGE VIA ASP

E.b   Aktuelle Anzeige der Datenbank mit Anfügemöglichkeit:

Beispieldatenbank: Wesermarsch.mdb

Zugrundeliegende Tabelle: Lernort

Hier hat der Anwender die Möglichkeit, zusätzliche Datensätze in die Tabelle einzufügen. Dieser Vorgang ist durch eine Paßworteingabe abgesichert. Das Paßwort
kann clientseitig nicht eingesehen werden.

.

Weser3.asp - Abfrage- und Update-Formular

```
<%@ LANGUAGE = VBScript %>
<HTML>
<HEAD>
<TITLE>Wesermarsch  - ASP</TITLE>
</HEAD>
<BODY>
<FORM ACTION="/weser/weser3.asp" METHOD=POST>
<%
    /* Erstellen des Verbindungsobjektes */
    Set OBJdbConnection =
    Server.CreateObject("ADODB.Connection")

    /* Öffnen der Verbindung */
    OBJdbConnection.Open "Wesermar"

    /* Wurde die Seite durch den Datensatz_anfügen-Button aufgerufen, so
    werden die eingetragenen Werte des Formulares hier den Variablen
    zugewiesen. Bei erstmaligem Aufruf ist der Default-Wert "" */
    LO=Request.form("Lernort")
    PLZ=Request.form("PLZ")
    Ort=Request.form("Ort")

    /* Soll kein Datensatz angefügt werden oder ist das Passwort falsch, werden
        alle Datensätze selektiert und einem Resultset zugewiesen.
        Ansonsten werden die eingetragenen Werte per SQL hinzugefügt und
        anschließend alle Datensätze (inklusive der neu eingetragenen)
        selektiert und einem Resultset zugewiesen. */

    if Request.form("upd") <> "jade" then
```

```
/* Formulieren des SQL-Kommandos */
  sq="SELECT * FROM Lernort"


  /* Durchführen der SQL-Abfrage. Rückgabe eines Resultsets */
  Set RSLO = OBJdbConnection.Execute(sq)
  else
    /* Formulieren des SQL-Kommandos */
    sq="INSERT INTO Lernort (Lernort,ORT, PLZ)
  VALUES (" + LO +"," + PLZ + "," + Ort + ")"


    /* Durchführen der Anfügungsabfrage */
    OBJdbConnection.Execute(sq)


    /* Durchführen der SQL-Abfrage. Rückgabe eines Resultsets */
    Set RSLO = OBJdbConnection.Execute("SELECT * FROM
  Lernort")
    end if
%>


<!-- Tabellenüberschriften -->
<TABLE COLSPAN=8 CELLPADDING=5 BORDER=0>
<TR>
<TD ALIGN=CENTER BGCOLOR="#800000">
<FONT STYLE="ARIAL NARROW" COLOR="#ffffff" SIZE=1>Lernort
Name</FONT>
</TD>
<TD ALIGN=CENTER BGCOLOR="#800000">
<FONT STYLE="ARIAL NARROW" COLOR="#ffffff" SIZE=1>Ort<FONT>
</TD>
<TD ALIGN=CENTER BGCOLOR="#800000">
<FONT STYLE="ARIAL NARROW" COLOR="#ffffff" SIZE=1>PLZ</FONT>
</TD>
<TD ALIGN=CENTER BGCOLOR="#800000">
<FONT STYLE="ARIAL NARROW" COLOR="#ffffff" SIZE=1>Straße</FONT>
</TD>
</TR>


<!-- Auswerten des Resultsets, Darstellen jeweils eines Datensatzes pro Tabellenreihe, Anspre-
chen der einzelnen Elemente eines Datensatzes per Spaltenname -->
<% Do While Not RSLO.EOF %>
```

```
            <TR>
            <TD BGCOLOR="f7efde" ALIGN=CENTER>
              <FONT STYLE="ARIAL NARROW" SIZE=1>
                <%= RSLO("Lernort")%>
              </FONT></TD>
            <TD BGCOLOR="f7efde" ALIGN=CENTER>
              <FONT STYLE="ARIAL NARROW" SIZE=1>
                <%= RSLO("Ort") %>
              </FONT></TD>
            <TD BGCOLOR="f7efde" ALIGN=CENTER>
              <FONT STYLE="ARIAL NARROW" SIZE=1>
                <%= RSLO("PLZ")%>
              </A></FONT></TD>
            <TD BGCOLOR="f7efde" ALIGN=CENTER>
              <FONT STYLE="ARIAL NARROW" SIZE=1>
                <%= RSLO("Straße")%>
              </FONT></TD>
            </TR>
<%
      /* Verzweigen zum nächsten Datensatz bis zum Ende des Resultsets */
      RSLO.MoveNext
      Loop
%>
</TABLE></TD></TR>
</FONT>


<!-- Definieren des rekursiven Formulares für die Anfügeabfrage -->
<form action=/weser/weser3.asp>
<table>
<tr><td>Lernort:</td><td><input type=text name=Lernort
width=30></td></tr>
<tr><td>PLZ:</td><td><input type=text name=PLZ width=30></td></tr>
<tr><td>Ort:</td><td><input type=text name=Ort width=30></td></tr>
<tr><td>Passwort:</td><td><input type=text value="" width=1
name=upd></td></tr>
</table>
<input type=submit value=Update>
</form>
</BODY>
</HTML>
```

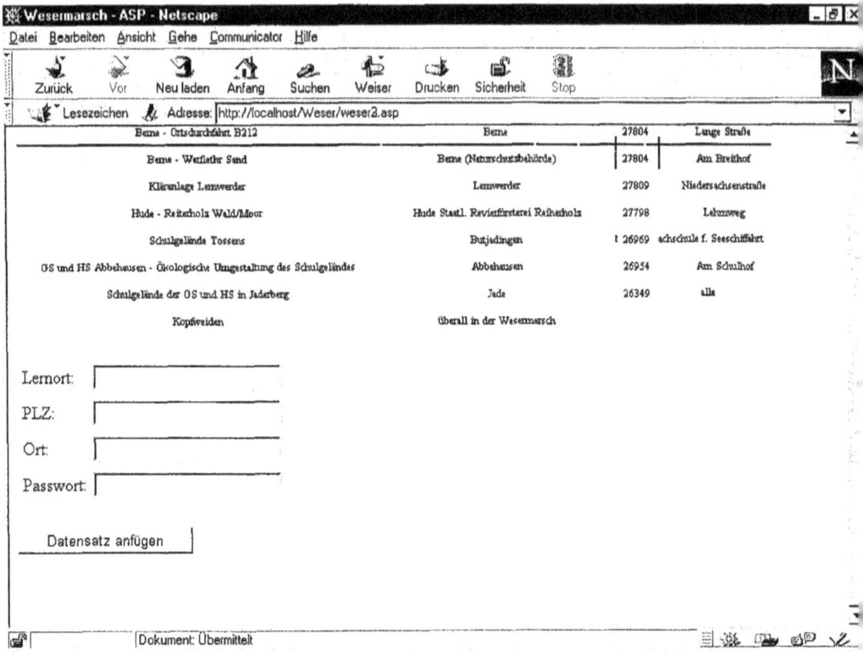

ABB. E.3: ASP-ABFRAGEERGEBNIS INKLUSIV ANFÜGE FORMULAR

Anhang F: Datenbankanbindung via Borland Intrabuilder:

F.a   Parametisierte Abfrage der Datenbank:

Beispieldatenbank: Beiträge.DB

Zugrundeliegende Tabelle: Beiträge.DB

Bei diesem Beispiel hat der Anwender die Möglichkeit, interaktiv per vorgeschaltetem Formular Name, Art, Autor und die Nummer der Magazinausgabe zu selektieren, in der der Beitrag veröffentlicht wurde.

F.a.a   Beitrag2.htm - Vorgeschaltetes HTML-Formular:

```
<html>
<script language="JavaScript">
<!--
```

/* Setzen des Defaultwertes der Variable sq, der in jedem Fall als Parameter übermittelt wird */
```
var sq = "SELECT * FROM Beiträge WHERE ";

function Ab()
{
```
/* Stückweises Zusammenstellen des zu übermittelnden SQL-Strings sq basierend auf den
eingegebenen Daten */
```
  Nummerzuordnen();
  Artzuordnen();
  Autorzuordnen();
  Namezuordnen();
```

/* Aufruf des Javascriptformulars beitrag2.jfm unter Aufruf des IntrabuilderServers mit
Übergabe des Parameters sq. Da zusätzlich die Anführungszeichen des SQL-Strings
übermittelt werden, werden hierfür escape-Sequenzen (\") verwendet */
```
  location.href="/svr/intrasrv.isv?beitrag2.jfm(\"" + escape(sq) +
  "\")";
}
```

/* Auswerten des Formularfeldes Nummer */

```
function Nummerzuordnen() {
 var f=document.beitrag2.Nummer.options.selectedIndex;


 /* f1 wird der aktuelle Inhalt des Auswahlfeldes Nummer zugewiesen, der vom
    Formularaufbau vorgegebene Default-Wert ist alle */
 var f1=document.beitrag2.Nummer.options[f].text;


/*  Ergänzen des SQL-Strings um die gewählte Ausgabennummer, als Werte kommen nur die
    Möglichkeiten 'Nein' oder 'NB x' in Frage, wobei x eine der Nummern 1 - 10 beinhalten
    kann */
 if (f1=="alle"){
   sq=sq + "Verwendet NOT LIKE 'Nein'";
 }
 else {
   if (f1=="neu") {f2="Nein";} else {f2="NB " + f1;}
   sq=sq + "Verwendet LIKE '"+f2+"'";
 }
}


/* Auswerten des Formularfeldes Art */
function Artzuordnen() {
 var f=document.beitrag2.Art.options.selectedIndex;
 var f1=document.beitrag2.Art.options[f].text;
 /* Der vom Formularaufbau vorgegebene Default-Wert ist alle, wird er gewählt, so wird der
    SQL-String nicht ergänzt */
 if (f1 != "alle") sq=sq + "AND Art LIKE '"+f1+"'";
}


/* Auswerten des Formularfeldes Autor
   Wurde das Formularfeld leer belassen, so wird der SQL-String nicht ergänzt */
function Autorzuordnen() {
 var f1=document.beitrag2.Autor.value;
 if (f1 != "") sq=sq + "AND Autor LIKE '"+f1+"'";
}


/* Auswerten des Formularfeldes Name
   Wurde das Formularfeld leer belassen, so wird der SQL-String nicht ergänzt */
 function Namezuordnen() {
  var f1=document.beitrag2.Name.value;
  if (f1 != "") sq=sq + "AND Name LIKE '"+f1+"'";
```

```
   }

// -->
</script>

<body bgcolor=black text=red>
<h1> Nightbreed-Beiträge </h1>

<form name=beitrag2>
<table>

 <tr>
   <td>Name</td>
   <td><input type=text name=Name width=30></td>
 </tr>

 <tr>
   <td>Art</td>
   <td><select name=Art>
   <!-- Vom Datenbankaufbau vorgegebene Möglichkeiten -->
   <option> alle
   <option> Story
   <option> Bremen
   <option> Bericht
   <option> Filmrezi
   <option> Buchrezi
   <option> Gedicht
   <option> Nachtgeschöpfe
   </select></td>
 </tr>

 <tr>
  <td>Autor</td>
  <td><input type=text name=Autor width=30></td>
 </tr>

 <tr>
  <td>Nummer</td>
  <td><select name=Nummer>
  <!-- Vom Datenbankaufbau vorgegebene Möglichkeiten -->
   <option>alle
```

```
 <option>1
 <option>2
 <option>3
 <option>4
 <option>5
 <option>6
 <option>7
 <option>8
 <option>9
 <option>10
 <option>11
 <option>neu
 </select>
 </td>
 </tr>
</table>
<br>
<br>
<!-- Ein Betätigen des Buttons startet die Javascriptfunktion Ab() -->
<input type=button value="Abfrage starten" onclick="Ab()">
</form>

</body>
</html>
```

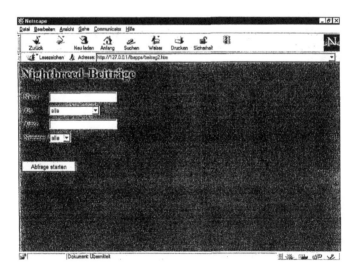

ABB. F.1: HTML-FORMULAR BEITRAG2.HTM SCREEN

F.a.b   Beitrag2.jfm (Intrabuilder-Formular):

```
// {End Header} Do not remove this comment//
// Generated on 11.09.97
//
```

// Aufruf des Formulars

```
var f = new beitrag2Form();
```

/* Überprüfen, ob ein gesuchter Datensatz gefunden wurde, falls ja, Formular öffnen, falls nein
(Datensatzzeiger steht am Ende des Rowsets), Aufrufen des Formulars rowempty.jfm */

```
if (f.beiträge1.rowset.endOfSet){
 _sys.scripts.run("c:\\programme\\borland\\intrabuilder\\apps\\
 rowempty.jfm"};}
else {
 f.open();
}


class beitrag2Form extends Form {
  with (this) {
      color = "navy";
      height = 14;
      left = 15;
      top = 0;
      width = 50;
      title = "Beiträge";
  }

  with (this.ibapps1 = new Database()){
     left = 42;
     top = 0;
     databaseName = "IBAPPS";
     active = true;
  }

  with (this.beiträge1 = new Query()) {
     left = 36;
     top = 0;
     database = parent.ibapps1;
```

/ Der übermittelte Parameter befindet sich an der ersten Stelle des Arrays arguments*
*(bezogen auf das entsprechende Formular) */*

```
    sql = BEITRAG2.arguments[0];
    active = true;
}


with (this.beiträge1.rowset) {
}


with (this.image1 = new Image(this)){
```
    / Navigationsbuttons */*
```
    onImageServerClick = {|nLeft, nTop|;if (nLeft >= 26*0 &&
    nLeft < 26*1){form.rowset.first()}else if (nLeft >= 26*1 &&
    nLeft < 26*2){if (!form.rowset.next(-1)) form.rowset.next()
    ;}else if (nLeft >= 26*2 && nLeft < 26*3){if
    (!form.rowset.next()) form.rowset.next(- 1);}else
    {form.rowset.last()}};
    height = 0.9583;
    left = 1;
    top = 3;
    width = 13;
    dataSource = "filename EXPINAVH.GIF";
    alignment = 4;
}


with (this.html1 = new HTML(this)){
    height = 1;
    left = 1;
    top = 5;
    width = 5;
    color = "ff40";
    fontBold = true;
    text = "Name:";
}


with (this.html2 = new HTML(this)){
    height = 1;
    left = 1;
    top = 6;
    width = 4;
    color = "ff40";
```

```
    fontBold = true;
    text = "Art:";
}
with (this.html3 = new HTML(this)){
    height = 1;
    left = 1;
    top = 7;
    width = 6;
    color = "ff40";
    fontBold = true;
    text = "Autor:";
}

with (this.html4 = new HTML(this)){
    height = 1;
    left = 1;
    top = 8;
    width = 7;
    color = "ff40";
    fontBold = true;
    text = "Seiten:";
}

with (this.html5 = new HTML(this)){
    height = 1;
    left = 1;
    top = 9;
    width = 10;
    color = "ff40";
    fontBold = true;
    text = "Verwendet:";
}

with (this.TITLE = new HTML(this)){
    height = 2;
    left = 1;
    width = 34;
    color = "cyan";
    fontName = "MS Serif";
    fontBold = true;
    text = '<H1><Font Size="+4">B</Font>eiträge</H1>';
```

```
}

with (this.html6 = new HTML(this)){
    height = 1;
    left = 12;
    top = 5;
    width = 40;
    color = "ff40";
    fontBold = true;
    text = {||form.beiträge1.rowset.fields["Name"].value};
}

with (this.html7 = new HTML(this)){
    height = 1;
    left = 12;
    top = 6;
    width = 20;
    color = "ff40";
    fontBold = true;
    text = {||form.beiträge1.rowset.fields["Art"].value};
}

with (this.html8 = new HTML(this)){
    height = 1;
    left = 12;
    top = 7;
    width = 40;
    color = "ff40";
    fontBold = true;
    text = {||form.beiträge1.rowset.fields["Autor"].value};
}

with (this.html9 = new HTML(this)){
    height = 1;
    left = 12;
    top = 8;
    width = 2;
    color = "ff40";
    fontBold = true;
    text = {||form.beiträge1.rowset.fields["Seiten"].value};
}
```

```
with (this.html10 = new HTML(this)) {
   height = 1;
   left = 12;
   top = 9;
   width = 5;
   color = "ff40";
   fontBold = true;
   text = {||form.beiträge1.rowset.fields["Verwendet"].value};
}


with (this.html11 = new HTML(this)) {
   height = 1;
   left = 16;
   top = 3;
   width = 14;
   text = {|| '<a href="beitrag2.htm"> Neue Abfrage </a>'};
}


   this.rowset = this.beiträge1.rowset;
}
```

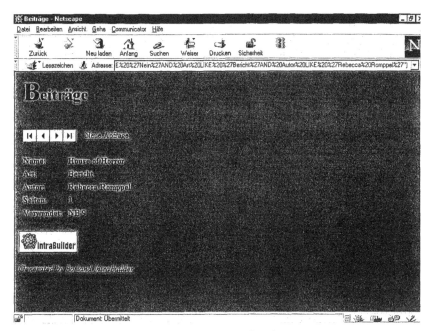

ABB. F.2: INTRABUILDER-FORMULAR BEITRAG2.JFM SCREEN

F.a.c   rowempty.jfm:

Dieses Formular wird aufgerufen, falls kein zur Selektion passenden Datensatz gefunden wurde. Es besteht die Möglichkeit, eine neue Abfrage zu starten, d.h. zum Formular beitrag2.htm zurückzuverzweigen.

```
// {End Header} Do not remove this comment//
// Generated on 17.09.97
//
var f = new rowemptyForm();
f.open();
class rowemptyForm extends Form {
   with (this) {
      color = "navy";
      height = 20;
      left = 20;
      top = 0;
      width = 60;
      title = "";
```

```
}

with (this.html1 = new HTML(this)){
    height = 5.25;
    left = 6.375;
    top = 1.2917;
    width = 90.25;
    color = "ff40";
    fontBold = true;
    text = "<h3>Sorry, es ist kein passender Datensatz
    vorhanden.</h3>";
}

with (this.html11 = new HTML(this)){
    height = 1;
    left = 5;
    top = 3;
    width = 14;
    text = {||'<a href="/apps/beitrag2.htm"> Neue Abfrage
    </a>'};
}
}
```

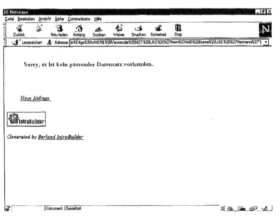

ABB. F.3: INTRABUILDER FORMULAR ROWEMPTY.JFM SCREEN

F.b   Durchführung einer Anfügungsabfrage:

Beispieldatenbank: Wesermar.mdb

Zugrundeliegende Tabellen: Lernort, Anmeldungen

Bei diesem Beispiel hat der Anwender die Möglichkeit, zunächst einen Lernort zu wählen und sich dann dort zur Besichtigung anzumelden. Der entsprechende Datensatz wird dazu der Tabelle Anmeldungen hinzugefügt.

F.b.a   besicht1.jfm(Intrabuilder Formular) - Einfache Anzeige:

```
// {End Header} Do not remove this comment//
// Generated on 23.09.97
//
var f = new besicht1Form();
f.open();
class besicht1Form extends Form {
    with (this) {
        color = "navy";
        height = 20;
        left = 19.5;
        top = 0;
        width = 59;
        title = "Lernort";
    }

    with (this.wesermar1 = new Database()){
        left = 53;
        top = 0;
        databaseName = "WESERMAR";
        active = true;
    }

    with (this.lernort1 = new Query()){
        left = 47;
        top = 0;
        database = parent.wesermar1;
        sql = "SELECT * FROM Lernort";
        /* Verhindern, daß die Datenbank an dieser Stelle bereits verändert werden kann */
        requestLive=false;
```

```
   active = true;
}


with (this.image1 = new Image(this)){
   /* Navigationsbuttons */
   onImageServerClick = {|nLeft, nTop|;if (nLeft >= 26*0 &&
   nLeft<26*1){form.rowset.first()}else if (nLeft >= 26*1 &&
   nLeft < 26*2){if (!form.rowset.next(-1)) form.rowset.next()
   ;}else if (nLeft >= 26*2 && nLeft < 26*3){if (!form.rowset.
   next()) form.rowset.next(- 1);}else{form.rowset.last()}};
   height = 0.9583;
   left = 1;
   top = 5;
   width = 13;
   dataSource = "filename EXPINAVH.GIF";
   alignment = 4;
}


with (this.html2 = new HTML(this)){
   height = 1;
   left = 1;
   top = 8;
   width = 14;
   color = "ff40";
   fontBold = true;
   text = "Lernort";
}


with (this.text2 = new Text(this)){
   left = 16;
   top = 8;
   width = 41;
   dataLink = parent.lernort1.rowset.fields["Lernort"];
}


with (this.html3 = new HTML(this)){
   height = 1;
   left = 1;
   top = 9;
   width = 14;
   color = "ff40";
```

```
        fontBold = true;
        text = "Plz";
}

with (this.text3 = new Text(this)){
    left = 16;
    top = 9;
    width = 41;
    dataLink = parent.lernort1.rowset.fields["PLZ"];
}

with (this.html4 = new HTML(this)){
    height = 1;
    left = 1;
    top = 10;
    width = 14;
    color = "ff40";
    fontBold = true;
    text = "Ort";
}

with (this.text4 = new Text(this)){
    left = 16;
    top = 10;
    width = 41;
    dataLink = parent.lernort1.rowset.fields["ORT"];
}

with (this.html5 = new HTML(this)){
    height = 1;
    left = 1;
    top = 11;
    width = 14;
    color = "ff40";
    fontBold = true;
    text = "Strasse";
}

with (this.text5 = new Text(this)){
    left = 16;
    top = 11;
```

```
      width = 41;
      dataLink = parent.lernort1.rowset.fields["Straße"];
}

with (this.html6 = new HTML(this)){
   height = 1;
   left = 1;
   top = 12;
   width = 14;
   color = "ff40";
   fontBold = true;
   text = "Hausnummer";
}

with (this.text6 = new Text(this)){
   left = 16;
   top = 12;
   width = 41;
   dataLink = parent.lernort1.rowset.fields["Hausnummer"];
}

with (this.html7 = new HTML(this)){
   height = 1;
   left = 1;
   top = 13;
   width = 14;
   color = "ff40";
   fontBold = true;
   text = "Telefon";
}

with (this.text7 = new Text(this)){
   left = 16;
   top = 13;
   width = 41;
   dataLink = parent.lernort1.rowset.fields["Telefon"];
}

with (this.html8 = new HTML(this)){
   height = 1;
   left = 1;
```

```
     top = 14;
     width = 14;
     color = "ff40";
     fontBold = true;
     text = "Fax";
}


with (this.text8 = new Text(this)){
   left = 16;
   top = 14;
   width = 20;
   dataLink = parent.lernort1.rowset.fields["Fax"];
}


with (this.html9 = new HTML(this)){
   height = 1;
   left = 1;
   top = 15;
   width = 14;
   color = "ff40";
   fontBold = true;
   text = "Zeitbedarf";
}


with (this.text9 = new Text(this)){
   left = 16;
   top = 15;
   width = 41;
   dataLink = parent.lernort1.rowset.fields["Zeitbedarf"];
}


with (this.html10 = new HTML(this)){
   height = 1;
   left = 1;
   top = 16;
   width = 14;
   color = "ff40";
   fontBold = true;
   text = "Öffnungszeiten";
}
```

```
with (this.textarea1 = new TextArea(this)){
    height = 5;
    left = 16;
    top = 16;
    width = 41;
    dataLink =
     parent.lernort1.rowset.fields["Öffnungszeiten"];
}


with (this.html11 = new HTML(this)){
    height = 1;
    left = 1;
    top = 21;
    width = 14;
    color = "ff40";
    fontBold = true;
    text = "Eintritt";
}


with (this.textarea2 = new TextArea(this)){
    height = 5;
    left = 16;
    top = 21;
    width = 41;
    dataLink = parent.lernort1.rowset.fields["Eintritt"];
}


with (this.html12 = new HTML(this)){
    height = 1;
    left = 1;
    top = 26;
    width = 14;
    color = "ff40";
    fontBold = true;
    text = "Stichworte";
}


with (this.textarea3 = new TextArea(this)){
    height = 5;
    left = 16;
    top = 26;
```

```
    width = 41;
    dataLink = parent.lernort1.rowset.fields["Stichworte"];
}


with (this.TITLE = new HTML(this)){
    height = 2;
    left = 1;
    width = 45;
    color = "cyan";
    fontName = "MS Serif";
    fontBold = true;
    text = '<H1><Font Size="+4">L</Font>ernort</H1>';
}


with (this.button1 = new Button(this)){
    /* Dieser Button löst die Anmeldung bei dem gerade aktiven Lernort (Datensatz) aus */
    onClick=class::button1_onClick;
    left = 16;
    top = 5;
    width = 24;
    text = "Anmelden zur Besichtigung";
}

this.rowset = this.lernort1.rowset;


function button1_onClick() {
    /* Zuweisen der für die Buchung relevanten Spalteninhalte an Variablen */
    var f1=this.form.lernort1.rowset.fields["L_ID"].value;
    var f2=this.form.text2.value;
    if (f2 == "") f2="n/a";
    var f3=this.form.text7.value;
    if (f3 == "") f3="n/a";
    var f4=this.form.text3.value;
    if (f4 == "") f4="n/a";
    var f5=this.form.text4.value;
    if (f4 == "") f4="n/a";


    /* Verzweigen zum Anmeldeformular mit Parameterübermittlung (clientseitiges
    Scripting!) */
    location.href="/svr/intrasrv.isv?apps/weser/besicht2.jfm(\
    ""+ escape(f1)+"\",\"" + escape(f2)+"\",\"" +
```

```
        escape(f3)+"\",\"" + escape(f4)+"\",\"" +
        escape(f5)+"\")";
    }
}
```

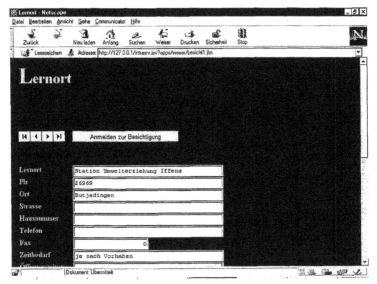

ABB. F.4: INTRABUILDER FORMULAR BESICHT1.JFM SCREEN

F.b.b besicht2.jfm(Intrabuilder Formular) - Erneute Anmeldebestätigung:

```
// {End Header} Do not remove this comment//
// Generated on 23.09.97
//
var f = new besicht2Form();
f.open();
class besicht2Form extends Form {
   with (this) {
      color = "navy";
      height = 20;
      left = 20;
      top = 0;
      width = 60;
      title = "";
   }

   with (this.wesermar1 = new Database()){
      left = 53;
      top = 0;
      databaseName = "WESERMAR";
      active = true;
   }

   with (this.lernort1 = new Query()){
      left = 47;
      top = 0;
      database = parent.wesermar1;
      sql = "SELECT * FROM Anmeldungen";
      active = true;
   }

   with (this.html1 = new HTML(this)){
      height = 2;
      left = 16;
      top = 1;
      width = 50;
      color = "ff40";
      fontBold = true;
      text = "<h1>Anmeldeformular für Besichtigung</h1>";
   }
```

```
with (this.html2 = new HTML(this)){
    height = 1;
    left = 2;
    top = 5;
    width = 8;
    color = "ff40";
    fontBold = true;
    text = "Lernort";
}

with (this.html3 = new HTML(this)){
    height = 1;
    left = 2;
    top = 6;
    width = 8;
    color = "ff40";
    fontBold = true;
    text = "Telefon";
}

with (this.html4 = new HTML(this)){
    height = 1;
    left = 2;
    top = 7;
    width = 8;
    color = "ff40";
    fontBold = true;
    text = "Ort";
}

with (this.html6 = new HTML(this)){
    height = 1;
    left = 2;
    top = 10;
    width = 14;
    color = "ff40";
    fontBold = true;
    text = "Name";
}
```

```
with (this.html7 = new HTML(this)){
   height = 1;
   left = 2;
   top = 11;
   width = 14;
   color = "ff40";
   fontBold = true;
   text = "Wunschtermin";
}


with (this.button1 = new Button(this)){
   /* Dieser Button startet den Eintrag in die Datenbank */
   onServerClick=class::button1_onServerClick;
   left = 18;
   top = 14;
   width = 32;
   text = "Anmeldung bestätigen";
}


   /* Übertragen der in Formular 1 gewählten Elemente */
with (this.text1 = new Text(this)){
   left = 10;
   top = 5;
   width = 44;
   value = BESICHT2.arguments[1];
}


with (this.text2 = new Text(this)){
   left = 10;
   top = 6;
   width = 44;
   value = BESICHT2.arguments[2];
}


with (this.text3 = new Text(this)){
   left = 10;
   top = 7;
   width = 8;
   value = BESICHT2.arguments[3];
}
```

```
with (this.text4 = new Text(this)){
    left = 20;
    top = 7;
    width = 28;
    value = BESICHT2.arguments[4];
}

with (this.text6 = new Text(this)){
    left = 16;
    top = 10;
    width = 44;
    value = "";
}

with (this.text7 = new Text(this)){
    left = 16;
    top = 11;
    width = 44;
    value = "";
}

function button1_onServerClick(){
    /* Starten der Anfügeabfrage */
    this.form.lernort1.active = true;
    this.form.lernort1.rowset.beginAppend();

    /* Einfügen der Werte */
    this.form.lernort1.rowset.fields["L_ID"].value =
    eval(BESICHT2.arguments[0]);
    this.form.lernort1.rowset.fields["Name"].value =
    this.form.text6.value;
    this.form.lernort1.rowset.fields["Termin"].value =
    this.form.text7.value;

    /* Abspeichern der Daten */
    this.form.lernort1.rowset.save();

    /* Aufrufen des Bestätigungsformulars (serverseitiges Scripting!)*/
    _sys.forms.run("besicht3.jfm");
    }
}
```

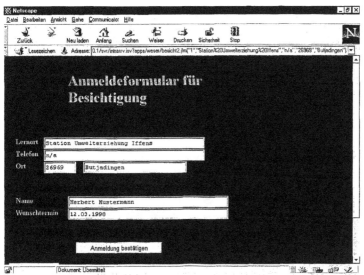

ABB. F.5: INTRABUILDER FORMULAR BESICHT2.JFM SCREEN

F.b.c besicht3.jfm (Intrabuilder Formular) - Anmeldebestätigung:

```
// {End Header} Do not remove this comment//
// Generated on 23.10.97
//
var f = new Besicht3Form();
f.open();
class Besicht3Form extends Form {
   with (this) {
      color = "blue";
      height = 19.3333;
      left = 20;
      top = 0;
      width = 60;
      title = "";
   }


   with (this.html1 = new HTML(this)){
      height = 3;
```

```
left = 8;

top = 1;

width = 74;

color = "ff40";

fontBold = true;

text = "<H1> Vielen Dank, ihre Anmeldung wurde

registriert!</H1>";
    }
}
```

ABB. F.6: INTRABUILDER FORMULAR BESICHT3.JFM SCREEN

Anhang G: Datenbankanbindung per Visual Basic:

Beispieldatenbank: Wesermar.mdb

Zugrundeliegende Tabelle: Lernort

Ein vorgeschaltetes HTML-Formular startet in diesem Beispiel die Abfrage, anschließend erscheint ein dynamisch generiertes Formular, in dem der Anwender
die Datenbank nach dem Ortsnamen selektieren kann. Dieser Parameter wird
übermittelt, die Abfrage durchgeführt und eine ebenfalls dynamisch generierte
HTML-Page zurückgegeben.

G.a   lernortvb.htm - Vorgeschaltetes HTML-Formular:

```
<html>
<body bgcolor=black text=red>

<center><h1> Datenbankabfrage per Visual Basic </h1></center>
<br><br>
Zugrunde liegt die Datenbank Wesermar.mdb
im Verzeichnis CGI_WIN befindlich). <br>
Zugriff erfolgt direkt per DAO, nicht &uuml;ber ODBC<br><br>

<form action="/cgi-win/lernortvb.exe" method=get>
<center><input type=submit value="los geht's"></center>
</form>

</body>
</html>
```

G.b   Visual-Basic Programm lernort.bas:

```
Attribute VB_Name = "Module1"
Sub CGI_Main()
    Rem Diese Methode wird bei Programmstart als erstes aufgerufen

    If CGI_RequestMethod = "GET" Then
        SendReQuest
        Exit Sub
    Else
```

```
      SendResults
      Exit Sub
  End If
End Sub


Sub Inter_Main()
End Sub


Sub SendReQuest()
```

Rem Anzeigen eines Formulars, in dem der Anwender die gewünschten Suchkriterien für
Rem die Abfrage eintragen kann, in diesem Beispiel der Einfachheit halber nur den
Rem betreffenden Ort

Rem Festlegen des HTTP-Formats
```
   Send ("Content-type: text/html")
   Send ("")
```

Rem Definieren des anzuzeigenden HTML-Formulars
```
   Send ("<HTML><HEAD><TITLE>" & "Datenbankanzeige" &
   "</TITLE></HEAD>")
   Send ("<BODY>")
```

Rem Nach Absenden des Formulars wird das Programm erneut gestartet
```
   Send ("<FORM METHOD=""POST"" ACTION=""/cgi-
   win\lernortvb.exe"">")
   Send ("Bitte Ort angeben!")
   Send ("<br>")
   Send ("<br>")
   Send ("<INPUT SIZE=30 NAME=""query"">")
   Send ("<br>")
   Send ("<br>")
   Send ("<INPUT TYPE=""submit""")
   Send ("VALUE=""Suche starten"">")
   Send ("")
   Send ("</FORM>")
   Send ("<HR>")
   Send ("</BODY></HTML>")
End Sub


Sub SendResults()
```

Rem Routine zur Datenbankabfrage

```
Dim Db As Database
Dim tmpDyna As Dynaset
Dim query As String
Dim SQLQuery As String
```

Rem Auswerten des ausgefüllten Formulars, query beinhaltet anschließend den Ortsnamen
```
query = GetSmallField("query")
```

Rem Festlegen des HTTP-Formats
```
Send ("Content-type: text/html")
Send ("")
```

Rem Definieren des anzuzeigenden HTML-Formulars
```
Send ("<HTML><HEAD><TITLE>" & "Datenbankabfrage" &
"</TITLE></HEAD>")
Send ("<BODY>")
Send ("Sie haben gesucht nach: " & query & "<br>")
```

Rem Anbindung an die Datenbank und Ausführen der Abfrage
Rem Speichern des Ergebnisses in einem Dynaset
```
Set Db = OpenDatabase("Wesermar.mdb", False, True)
SQLQuery = "SELECT * FROM Lernort WHERE Ort like " & "'*" &
query & "*'"
Set tmpDyna = Db.CreateDynaset(SQLQuery)
```

Rem Wurden zum Abfragekriterium passende Datensätze gefunden?
```
If tmpDyna.RecordCount = 0 Then
    Send ("Leider entspricht kein Datensatz den gewünschten
            Kriterien.<br><br>")
Else
```

Rem Anzeigen des Ergebnisses sofern vorhanden
Rem In diesem Beispiel werden nur der volle Name des Lernortes, die PLZ und der Ort
Rem angezeigt
```
Do While Not tmpDyna.EOF
    Send ("<PRE>")
    Send ("Name : " & tmpDyna("Lernort"))
    Send (" PLZ : " & tmpDyna("PLZ"))
```

```
        Send (" Ort : " & tmpDyna("Ort"))

        Send ("</pre>")

        Send ("<br>")

        tmpDyna.MoveNext

    Loop

    End If


    Rem Abschließende Tags
    Send ("</BODY></HTML>")
End Sub
```

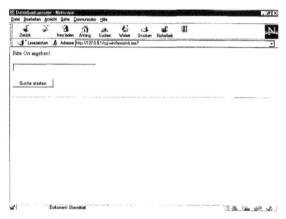

ABB. G.1: REQUEST-SCREEN

ABB. G.2: RESPONSE - SCREEN

Anhang H: Datenbankanbindung per Java:

Beispieldatenbank: Wesermar.mdb

Zugrundeliegende Tabelle: Lernort

Beispielapplikation zur einfachen Datenbankabfrage, nicht im Browser lauffähig.

T3.java - Einfache Abfrage:

```java
import java.sql.*;
import java.awt.*;


public class t3
{

   public static void main (String argv[]){
   try
   {

   Class.forName("sun.jdbc.odbc.JdbcOdbcDriver");

   Connection Ex1 =
   DriverManager.getConnection("jdbc:odbc:Wesermar");
   Ex1.setAutoCommit(false);
   Statement S1 = Ex1.createStatement();
   ResultSet RS = S1.executeQuery("SELECT * FROM Lernort");

   while(RS.next())
   {
    System.out.println(RS.getString(2));
   }
   }
   catch (Exception ignored) {System.out.print("ERROR");}
   }
}
```

Anhang I: Datenbankanbindung per JDesignerPro:

Beispieldatenbank: Wesermar.mdb

Zugrundeliegende Tabelle: Lernort

Programmcode wurde automatisch erstellt von JDesignerPro, der Abdruck erfolgt nur der Vollständigkeit halber.

I.a   Einfache Abfrage:

I.a.a   weseranzeig.htm - Vorgeschaltete HTML-Page:

```
<html>
<head>
<title>DB-Abfrage</title>
</head>
<body>
<applet codebase="http://localhost/JDesignerPro/"
code=JDPSingle.class width=600 height=400>
<param name="JDPSystem" value="01001">
<param name="JDPClassName" value="weseranzeig">
</applet>
</body>
```

I.a.b   weseranzeig.java - Quellcode des Applets:

```
//------------------------------------------------------------------
//  Module:       weseranzeig
//  Description:  DB-Abfrage
//------------------------------------------------------------------
import java.awt.*;
import java.applet.*;
import java.util.StringTokenizer;
import java.util.Vector;
import java.util.Date;

public class weseranzeig extends JDPClassLayout {
    JDPUser user;
    JDPJagg jaggSQL;
    JDPTextGrid tableContents;
```

```
JDPWhereClause jdpWhereClause;
JDPPopupMessage popuppanel;
String[] psortChoice;
String[] pdisplayChoice;
int itemIndex;
boolean insertRequested = false;
boolean deleteRequested = false;
String pfromWhereClause;
String[][] rowKey;
int totalRows;
int keyCount;
int prevColumnCount;
int columnCount = 13;
Vector pmatchUsing;
Vector pactualmatchUsing;


public void InitClass(JDPUser user, Panel targetPanel, String
moduleParameter) {

    this.user = user;
    //
    //   Set JAGG settings for this class
    //
    jaggSQL = new JDPJagg(user.jaggPath);
    jaggSQL.setNULL("space");
    jaggSQL.setMRW("100");
    jaggSQL.setDSN("Wesermar");
    jaggSQL.setCSTR("DSN=Wesermar;UID=;PWD=;");
    setLayout(new BorderLayout());
    setFont(user.plainFont);
    popuppanel = new JDPPopupMessage(user,targetPanel);
    targetPanel.add(popuppanel);
    Panel mainPanel = new Panel();
    mainPanel.setLayout(new BorderLayout());
    Panel centerMainPanel = new Panel();
    centerMainPanel.setLayout(new BorderLayout());
    //
    //   Create a new instance of a Grid
    //
    tableContents = new JDPTextGrid(user);
    mainPanel.add("Center",tableContents);
```

```
centerMainPanel.add("Center",mainPanel);
//
//  Add buttons to the bottom of the panel
//
if (moduleParameter.compareTo("Inquiry") == 0) {
} else {
     String buttons[] = {"Apply","Reset","Remove"};
     int icons[] =
     {JDPButton.SAVE,JDPButton.UNDO,JDPButton.DELETE};
     JDPButtons btns = new JDPButtons(user, buttons, icons,
     JDPButtons.HORIZONTAL);
     centerMainPanel.add("South",btns);
     popuppanel.addComponent(btns.button[0],"Apply
     Changes","Save changes to the database");
     popuppanel.addComponent(btns.button[1],"Undo
     Changes","Undo changes by reloading the record");
     popuppanel.addComponent(btns.button[2],"Remove
     record","Remove the current entry from the database");
}
//
//  Define parameters for JDPWhereClause
//
String[] pchooseFrom = new String[0];
String[] pactualchooseFrom = new String[0];
boolean[] constantIsString = new boolean[0];
int[] constantLength = new int[0];
loadMatchUsing();
//
//  Add JDPWhereClause search panel
//
if (pchooseFrom.length > 0) {
     jdpWhereClause = new JDPWhereClause(user, targetPanel,
     "weseranzeig", false, " ", pchooseFrom,
     pactualchooseFrom, pmatchUsing, pactualmatchUsing,
     null, null, constantLength, constantIsString);
     centerMainPanel.add("North",jdpWhereClause);
}
add("Center",new JDPChiselFramePanel(user,"DB-
Abfrage",centerMainPanel,"North"));
setGridSettings();
loadGrid();
```

```
    //
    //Add the handle to this panel to the global vector so
    //other panels can access this one
    //
    user.gParm.addElement(this);
}
//
//  Handle screen events
//
public boolean handleEvent(Event e) {
    switch (e.id) {
    case Event.ACTION_EVENT:
        if (e.target instanceof Button) {
            String choice = (String)e.arg;
            if (choice.trim().compareTo("Apply") == 0) {
                if (checkFields()) {
                    checkRows();
                }
                return true;
            }
            if (choice.trim().compareTo("Reset") == 0) {
                loadGrid();
            return true;
            }
            if (choice.trim().compareTo("Remove") == 0) {
                String removeMsg = "Press again to confirm
                removal";
                if (removeMsg.equals("") ||
            user.mainmsg.getStatusMsg().equals(removeMsg)) {
                    deleteRequested = true;
                    checkRows();
                } else {

            user.mainmsg.setStatusMsg(removeMsg,15);
                }
            return true;
            }
            if (choice.trim().compareTo("Search") == 0) {
                newSearch();
                return true;
            }
```

```
                return false;
        }
        if (e.target instanceof Choice) {
                return true;
        }
        if (e.target instanceof TextField) {
                if ((jdpWhereClause != null) &&
                (e.target.equals(jdpWhereClause.matchConstant)))
                {newSearch();return true;}
                checkFields();
                return true;
        }
        return false;

    case Event.WINDOW_EXPOSE:
        if (e.target instanceof JDPTabSelectPanel) {
                //
                //  This is where you place code to get executed
                //  when this panel is reactivated from the tab
                //  menu
                return true;
        }
        return false;
    case Event.MOUSE_MOVE:
    case Event.MOUSE_ENTER:
    case Event.MOUSE_EXIT:
        popuppanel.postEvent(e);
        return false;
    default:
        return false;
    }
}


//
//  Retrieve the handle to another panel so as to be able to
//  interact with it
//
public void retrieveHandle() {
    for (int ix=0; ix<user.gParm.size(); ix++) {
        //
        //  Activate the next four lines of code to retrieve
```

```
    //   the handle to another Panel within your JDP
    //   system. Of course you should declare the variable
    //   at the top of this source instead of within this
    //   method so you can access it from all the methods
    //   within this class. You only need to substitute
    //   DemoClass with the name ouf your class. You should
    //   call this method from somewhere else in this
    //   class. To access a variable from your resulting
    //   class use:
    //    if (DemoClassHandle != null) mynewvar =
    //    demoClassHandle.variable;
    //
    //    if (user.gParm.elementAt(ix) instanceof
           DemoClass19) {DemoClass19 DemoClassHandle =
    //    (DemoClass19)user.gParm.elementAt(ix);return;}}}

//
// The search button was pressed so rerun the query with the
// new search criteria
//
public void newSearch() {
    loadGrid();
}


//
// The check each rows that has changed and issue an update to
// the database
//
public void checkRows() {
    int changedCount = 0;
    int insertedCount = 0;
    int deletedCount = 0;
    int cCount = 1;
    int iCount = 1;
    for (int ix=0; ix<tableContents.rowChanged.length; ix++) {
        if (deleteRequested && tableContents.rowSelected[ix])
{
            deletedCount++;
        } else
        if (tableContents.rowChanged[ix]) {
            if (ix >= totalRows) {
```

```
                            insertedCount++;
                    } else {
                            changedCount++;
                    }
                }
            }
        for (int ix=0; ix<tableContents.rowChanged.length; ix++) {
                if (deleteRequested && tableContents.rowSelected[ix])
{
                        user.mainmsg.setStatusMsg("Deleting row " +
                        Integer.toString(iCount++) + " of " +
                        Integer.toString(deletedCount) + "...", 0);
                        saveData(ix);
                } else
                if (tableContents.rowChanged[ix]) {
                        insertRequested = false;
                        if (ix >= totalRows) {
                                insertRequested = true;
                                user.mainmsg.setStatusMsg("Inserting row "
                                + Integer.toString(iCount++) + " of " +
                               Integer.toString(insertedCount) + "...", 0);
                        } else {
                                user.mainmsg.setStatusMsg("Updating row "
                                + Integer.toString(cCount++) + " of " +
                                Integer.toString(changedCount) + "...", 0);
                        }
                        saveData(ix);
                        insertRequested = false;
                        tableContents.rowChanged[ix] = false;
                }
        }
        if ((deletedCount > 0) || (insertedCount > 0)) {
                loadGrid();
        }
        deleteRequested = false;
    }


    //
    //  Save the selected item
    //
    boolean saveData(int tableRow) {
```

```
int recCount = 0;

Vector results = new Vector();

String sep = jaggSQL.getSEP();

String SQL = "";

if (insertRequested) {

     SQL = "INSERT INTO Lernort (Lernort, " +
                    "PLZ, " +
                    "ORT, " +
                    "Straße, " +
                    "Hausnummer, " +
                    "Skizze, " +
                    "Telefon, " +
                    "Fax, " +
                    "Zeitbedarf, " +
                    "Öffnungszeiten, " +
                    "Eintritt, " +
                    "Stichworte) VALUES('" +
user.u.replace(tableContents.currentText[1][tableRow],"'","''")
+ "', " + "'" + user.u.replace(tableContents.currentText[2]
[tableRow],"'","''") + "', " + "'" + user.u.replace
(tableContents.currentText[3][tableRow],"'","''") + "', " +
"'" + user.u.replace(tableContents.currentText[4][tableRow],
"'","''") + "', " + "'" + user.u.replace(tableContents.
currentText[5][tableRow],"'","''") + "', " + "'" + user.u.
replace(tableContents.currentText[6][tableRow],"'","''") + "',
" + "'" + user.u.replace(tableContents.currentText[7]
[tableRow],"'","''") + "', " + "" + tableContents.
currentText[8][tableRow] + ", " + "'" + user.u.replace
(tableContents.currentText[9][tableRow],"'","''") + "', " +
"'" + user.u.replace(tableContents.currentText[10][tableRow],
"'","''") + "', " + "'" + user.u.replace(tableContents.
currentText[11][tableRow],"'","''") + "', " + "'" + user.
u.replace(tableContents.currentText[12][tableRow],"'","''") +
"')";
     } else {
          if (deleteRequested) {
               SQL = "DELETE FROM Lernort" +
                    " WHERE L_ID=" + rowKey[tableRow][0];
          } else {
               SQL = "UPDATE Lernort SET Lernort = '" +
user.u.replace(tableContents.currentText[1][tableRow],"'","''")
```

```
+ "', " + "PLZ = '" + user.u.replace(tableContents.
currentText[2][tableRow],"'","'''") + "', " + "ORT = '" +
user.u.replace(tableContents.currentText[3][tableRow],"'","'''")
+ "', " + "Straße = '" + user.u.replace(tableContents.
currentText[4][tableRow],"'","'''") + "', " + "Hausnummer = '" +
user.u.replace(tableContents.currentText[5][tableRow],"'","'''")
+ "', " + "Skizze = '" + user.u.replace(tableContents.
currentText[6][tableRow],"'","'''") + "', " + "Telefon = '" +
user.u.replace(tableContents.currentText[7][tableRow],"'","'''")
+ "', " +"Fax = " + tableContents.currentText[8][tableRow] + ",
" + "Zeitbedarf = '" + user.u.replace(tableContents.
currentText[9][tableRow],"'","'''") + "', " + "Öffnungszeiten =
'" + user.u.replace(tableContents.currentText[10][tableRow],
"'","'''") + "', " + "Eintritt = '" + user.u.replace
(tableContents.currentText[11][tableRow],"'","'''") + "', " +
"Stichworte = '" + user.u.replace(tableContents.currentText[12]
[tableRow],"'","'''") + "'" + " WHERE L_ID=" + rowKey[tableRow]
[0];
    }
    }
    recCount = jaggSQL.execSQL(SQL, results);
    if (user.DEBUG) System.out.println("saveData CNT:
    "+Integer.toString(recCount));
    if(recCount == -1) {
        user.u.setSqlMessage(jaggSQL,SQL);
        return false;
    }
    if(recCount == 1) {
        if (insertRequested) {
        user.mainmsg.setStatusMsg("Record successfully
        added.",3);
        } else
        if (deleteRequested) {
            user.mainmsg.setStatusMsg("Record successfully
            removed.",3);
        } else {
            user.mainmsg.setStatusMsg("Record successfully
            updated.",3);
        }
    } else {
        user.u.setSqlMessage(jaggSQL,SQL);
```

```
        }
        return true;

}


//
//   Load the grid with the specified parameters and selected
//   data
//
public void loadGrid() {
    StringTokenizer stok;
    int recCount = 0;
    Vector results = new Vector();
    String sep = jaggSQL.getSEP();
    int actualRows = 0;
    String row;
    Vector columns = new Vector();
    Vector indexes = new Vector();

    String SQL = "SELECT L_ID, " +
                    "L_ID, " +
                    "Lernort, " +
                    "PLZ, " +
                    "ORT, " +
                    "Straße, " +
                    "Hausnummer, " +
                    "Skizze, " +
                    "Telefon, " +
                    "Fax, " +
                    "Zeitbedarf, " +
                    "Öffnungszeiten, " +
                    "Eintritt, " +
                    "Stichworte FROM Lernort WHERE (1=1)   ";

    user.mainmsg.setStatusMsg("Accessing database...", 0);
    recCount = jaggSQL.execSQL(SQL, results);
    if(recCount == -1) {
        user.u.setSqlMessage(jaggSQL,SQL);
        return;
    }
```

```
//
//  Initialise result arrays
//
totalRows = jaggSQL.getRowCount();
actualRows = jaggSQL.getRowCount()+20;
//
//  If we haven't already initialise the grid settings
//
if (columnCount != prevColumnCount) {
    prevColumnCount = columnCount;
    setGridSettings();
}
tableContents.currentText = new
    String[columnCount][actualRows];
tableContents.cellChanged = null;
tableContents.rowChanged = null;
tableContents.columnSelected = null;
keyCount = 1;
rowKey = new String[actualRows][keyCount];


//
//  Load key array and grid array
//
String tempText;
for (int ix=0; ix<actualRows-20; ix++) {
    row = (String)results.elementAt(ix);
    if ((row != null) && (row.trim().compareTo("") != 0))
{
            stok = new StringTokenizer(row);
            for (int iy=0; iy<keyCount; iy++) {
                rowKey[ix][iy] =
                    stok.nextToken(sep).trim();
            }
            for (int iy=0; iy<columnCount; iy++) {
                tempText = stok.nextToken(sep).trim();
                tableContents.currentText[iy][ix] =
                    tempText;
            }
        }
    }
}
```

```
    tableContents.newTable();

    //
    //   Clear status message
    //
    user.mainmsg.clearStatusMsg();
}


//
//   Load the grid with the blank rows to allow data entry
//
public void loadEmptyGrid() {

    tableContents.currentText = new String[columnCount][50];
    tableContents.cellChanged = null;
    tableContents.rowChanged = null;
    tableContents.columnSelected = null;
    rowKey = new String[50][keyCount];
    tableContents.newTable();
    totalRows = 0;
}


//
//   Set up the parameters for this grid
//
void setGridSettings() {

    tableContents.columnHeader = new String[columnCount];
    tableContents.columnHeaderStyle = new int[columnCount];
    tableContents.columnStyle = new int[columnCount];
    tableContents.columnHeaderColor = new Color[columnCount];
    tableContents.columnColor = new Color[columnCount];
    tableContents.columnBGColor = new Color[columnCount];
    tableContents.columnProtected = new boolean[columnCount];
    tableContents.columnWidth = new int[columnCount];
    tableContents.rightJustify = new boolean[columnCount];
    tableContents.rowHeader = null;
    tableContents.columnHeight = null;
    for (int ix=0; ix<columnCount; ix++) {
            tableContents.columnHeaderStyle[ix] = Font.BOLD;
            tableContents.columnStyle[ix] = Font.PLAIN;
```

```
            tableContents.columnHeaderColor[ix] = Color.black;
            tableContents.columnColor[ix] = Color.black;
            tableContents.columnBGColor[ix] = Color.white;
            tableContents.columnStyle[ix] = Font.PLAIN;
        }
        tableContents.columnHeader[0] = "L Id";
        tableContents.columnHeader[1] = "Lernort";
        tableContents.columnHeader[2] = "Plz";
        tableContents.columnHeader[3] = "Ort";
        tableContents.columnHeader[4] = "Straße";
        tableContents.columnHeader[5] = "Hausnummer";
        tableContents.columnHeader[6] = "Skizze";
        tableContents.columnHeader[7] = "Telefon";
        tableContents.columnHeader[8] = "Fax";
        tableContents.columnHeader[9] = "Zeitbedarf";
        tableContents.columnHeader[10] = "Öffnungszeiten";
        tableContents.columnHeader[11] = "Eintritt";
        tableContents.columnHeader[12] = "Stichworte";
        tableContents.columnWidth[0] = 42;
        tableContents.columnWidth[1] = 150;
        tableContents.columnWidth[2] = 150;
        tableContents.columnWidth[3] = 150;
        tableContents.columnWidth[4] = 150;
        tableContents.columnWidth[5] = 150;
        tableContents.columnWidth[6] = 150;
        tableContents.columnWidth[7] = 150;
        tableContents.columnWidth[8] = 70;
        tableContents.columnWidth[9] = 150;
        tableContents.columnWidth[10] = 150;
        tableContents.columnWidth[11] = 150;
        tableContents.columnWidth[12] = 150;
        tableContents.rightJustify[0] = true;
        tableContents.rightJustify[8] = true;

        loadChoices();
        loadEmptyGrid();
    }


    //
    //  Load the Search Layout pulldown choices
    //
```

```
void loadMatchUsing() {
    pmatchUsing = new Vector();
    pactualmatchUsing = new Vector();
}

//
//  Load all of the Screen Choices
//
public void loadChoices() {
    tableContents.isPullDownCol = new boolean[columnCount];
    tableContents.pullDownList = new List[columnCount][1];

//
//  Perform component validations
//
public boolean checkFields() {
    return true;}}
```

Diplomarbeiten Agentur

Die Diplomarbeiten Agentur vermarktet seit 1996 erfolgreich Wirtschaftsstudien, Diplomarbeiten, Magisterarbeiten, Dissertationen und andere Studienabschlußarbeiten aller Fachbereiche und Hochschulen.

Seriosität, Professionalität und Exklusivität prägen unsere Leistungen:

- Kostenlose Aufnahme der Arbeiten in unser Lieferprogramm
- Faire Beteiligung an den Verkaufserlösen
- Autorinnen und Autoren können den Verkaufspreis selber festlegen
- Effizientes Marketing über viele Distributionskanäle
- Präsenz im Internet unter **http://www.diplom.de**
- Umfangreiches Angebot von mehreren tausend Arbeiten
- Großer Bekanntheitsgrad durch Fernsehen, Hörfunk und Printmedien

Setzen Sie sich mit uns in Verbindung:

Diplomarbeiten Agentur
Dipl. Kfm. Dipl. Hdl. Björn Bedey —
Dipl. Wi.-Ing. Martin Haschke ——
und Guido Meyer GbR ————

Hermannstal 119 k ————
22119 Hamburg ————

Fon: 040 / 655 99 20 ————
Fax: 040 / 655 99 222 ————

agentur@diplom.de ————
www.diplom.de ————

www.ingramcontent.com/pod-product-compliance
Lightning Source LLC
La Vergne TN
LVHW092332060326
832902LV00008B/605